Hildegard Reitbauer

SCHULE UND PSYCHE

EIN GRUNDGERÜST FÜR EIN ECHTES MITEINANDER

NEUE DIMENSIONEN IN PÄDAGOGIK - ERZIEHUNG - SCHULE

VERLAG 66

Amstetten 2002

1. Auflage 2002

Buch-, Kunst- und Musikalienverlag GMBH
A-3300 Amstetten, www.verlag66.com

Autor: Hildegard Reitbauer
Lektorat: Verlag 66, Theo Kust
Layout, Grafik & Repro: CDMEDIA, Amstetten
Illustrationen: Verlag 66

Gedruckt und gebunden in Österreich

ISBN 3-902211-03-2

Aus dem Inhalt

Vorwort

Dieses Buch ist als Leitfaden für ein Echtes Miteinander geschrieben. Die Verwandlung der Welt, Gesellschaft, Schulsysteme kann nur bei uns, dem einzelnen Menschen beginnen. Das heißt, die einzige Lösung ist darin zu finden, dass so viel Menschen als möglich ihre inneren Blockaden lösen und transformieren sollten. Dadurch geschieht eine Bewegung in ein anderes Wertesystem.

Ich hoffe, dass mein Buch vielen Mitmenschen ein Impuls ist. Ich habe es mit offenem Herzen geschrieben und hoffe, Sie werden es mit Aufgeschlossenheit lesen. Die Fallbeispiele sind tatsächlich passiert, jedoch aus menschlichen Gründen wurden die Personennamen verändert.

Die gemeinsame Reise zu einem echten Miteinander würde bedeuten, die Angst aufzugeben und die Liebe in unseren Herzen schrittweise wieder aufzunehmen. Die Liebe ist in uns, die alle inneren Blockaden auflöst, wenn wir offen dafür sind. Liebe ist eine allgegenwärtige Substanz, die am stärksten in der Abwesenheit negativer Gedanken wahrgenommen wird. Sie kann nicht zerstört, nur verborgen werden. Liebe ist das intuitive Wissen unseres Herzens. Sie ist das Tor zu Intuition, Telepathie und tiefer spiritueller Erfahrung.

Während der Niederschrift dieses Buches durfte ich eine weitere seelische Entwicklung erfahren, worüber ich viel Freude und Dankbarkeit empfinde. Besonderer Dank gebührt meinen Eltern und Brüdern, die meine beständige innere Veränderung schrittweise annahmen. Auch wenn es oft schwer war, diese offene Veränderung zu akzeptieren, sind wir gerade dadurch miteinander gewachsen und unser Familienleben, unsere Beziehungen wurden ehrlicher, echter und liebender.

Ich möchte mich bei meiner Freundin Petra bedanken, die mich beständig in all ihrer Offenheit bei der Entstehung dieses Buches begleitete, bei allen Kollegen, Direktoren und Freunden, die mir bei meiner Arbeit große moralische Unterstützung gaben, sowie bei jenen Schülern, die sich für mein Buch fotografieren ließen.

Hildegard Reitbauer
Krems, im Juni 2002

1. Teil

GRUNDLAGEN

Das Universum ist eine Universität,
die Welt ist eine Schule.
Die Erziehung ist die Brücke
zwischen Himmel und Erde.

Sathya Sai Baba

Wir projizieren unseren Schatten

Der Schatten

„Der Mensch hat nicht nur gute und helle, sondern auch dunkle Seiten. Zu diesen Seiten gehören unter anderem die eigenen Schwächen und die sogenannten minderwertigen Persönlichkeitsanteile. Da der Mensch dazu neigt, sich selbst als ausschließlich ‚gut' zu sehen, werden all jene Inhalte, die einfach nicht zu einem gehören dürfen, verdrängt. Die Summe dieser verdrängten Persönlichkeitsanteile und -inhalte bilden den Schatten eines Menschen. Dieser ist unbewusst, hat jedoch eine eigene Dynamik. Denn die unbewussten Schattenanteile werden auf andere Menschen projiziert und dort auch bekämpft." [1]

Der Sinn dieses Mechanismus besteht darin, die eigenen Gefühle nicht wahrnehmen zu müssen, weil sie in irgendeiner Art und Weise unangenehm oder peinlich sind. Es ist einfacher, zornig zu sein, weil der andere „unmöglich" ist, als zuzugeben, dass der Zorn in unserem eigenen Hinterstüberl entstanden ist. Lieber sehen wir uns als reagierendes Opfer, denn als Verantwortlicher für unsere Gefühle.

Meine Wut, meine Aggression, meine Verletzung ist meine Wut, ist meine Aggression, ist meine Verletzung und nicht das Bild meines Vaters, Chefs, Lehrers, Kollegen oder meiner Mutter, an dem die Wut, Aggression, Verletzung irgendwie dranhängt. Das Bild mag die Wut, Aggression, Verletzung zwar auslösen und es ist förder-

[1] 1997 Dahlberg, S 32

lich, nachzuschauen, mit welchem Denkmuster, mit welcher eigenen unbewussten Lebensgeschichte dieser Auslöser verbunden ist. Meine Gefühle sind meine Gefühle, zu denen ich zu stehen habe. Stehe ich nicht zu meinen Gefühlen, dann projiziere ich auf den anderen. In der Praxis führt das zu Störungen in unseren Kommunikationsbeziehungen und hindert uns daran, anderen Menschen offenen Herzens zu begegnen." [2]

☞ Ein Beispiel aus dem Schulalltag:

> Hat ein Elternteil Angst oder nicht den Mut mit dem Lehrer offen über sein Kind zu reden, in der Annahme, dass das Kind, der Schüler, sonst ungerecht behandelt wird, ist es seine eigene innere Problematik. Meistens ist es die eigene nicht aufgearbeitete subjektive Schulzeit oder Kindheit, die nun dazu führt, dass jetzt auf den Lehrer projiziert wird. Der Lehrer, der als Projektionsscheibe dient, wird abgelehnt und bekämpft. Indem ich nicht den Mut habe, offen zu sprechen, erfahre ich mich minderwertig und diese Minderwertigkeit wandelt sich in die Aggression gegen den Lehrer.

Wird die Projektion nicht erkannt, bleibt der Teufelskreislauf bestehen, der sich dann noch durch den subjektiven bösen Tratsch gegen den Lehrer verstärkt. Wird die Projektion erkannt, so kann man sie zurücknehmen. Und dies bedeutet, dass man den projizierten Inhalt bei sich selbst annimmt und in Harmonie bringt.

2 1998 Atman Zeitung Wilfried Ehrmann

Vermutungen werden gegenseitig projiziert. Zugleich entwickelt jeder aufgrund des eigenen, jedoch nicht bewusst erkannten Fehlers, eine unglaubliche Wut auf den angeblichen Fehler, den er im anderen sieht und beurteilt. Eine Schuldverschiebung wird gelebt.

Nach dem Streit erkennen die Schüler ihre eigenen Blockierungen, nehmen ihre Projektionen zurück und eine liebende Versöhnung findet statt.

Immer dann, wenn man sich über das Verhalten eines anderen übermäßig aufregt, bedeutet dies, dass man seinen eigenen Schatten projiziert hat und ihn beim anderen bekämpft.

Wenn ich mir als Elternteil meine eigenen, unbewussten, destruktiven Verhaltens - und Denkweisen (das *Innere Verletzte Kind*) nicht bewusst mache und in Harmonie bringe, wird es das Kind wieder erleben und leben. Kinder übernehmen die Verhaltensmuster, Ängste etc., ihrer Eltern. Es geschieht unbewusst, solange die Spiegelbilder nicht bewusst durchbrochen werden. Ich spreche aus Selbsterfahrung. Während meiner beständigen, inneren Aufarbeitung meines eigenen Schattens, erkannte ich sehr rasch, dass ich die Ängste, Unsicherheiten und Verhaltensweisen meines Vaters und meiner Mutter lebte.
Ich stelle mir auch die Frage in meiner Bewusstheit, welche Sinnhaftigkeit es haben könnte, dass Eltern und Schüler Lehrer beurteilen können. Für mich verstärkt sich dadurch der Teufelskreislauf noch mehr. Das unbewusste negative Material wird dadurch verstärkt auf den Lehrer projiziert und Eltern wie Schüler brauchen sich dadurch ihre Schattenanteile nicht anzusehen.

Kein Lehrer hat die Möglichkeit die Eltern seiner Schüler am Arbeitsplatz zu beurteilen, sich einzumischen, wie sie zu arbeiten und reagieren haben, auch dann nicht, wenn er die Eltern beständig am Arbeitsplatz für ein Jahr beobachten würde.
Nehmen wir an, die Mutter eines Schülers ist Sekretärin in einer Firma. Ein Lehrer ihres Sohnes würde als nicht ausgebildeter Sekretär die Mutter als schlechte Sekretärin beurteilen, da er sie für ein Jahr in Ihrem Arbeitsbereich beobachtet hatte.

Atmen Sie drei bis viermal tief ein und aus und fühlen Sie sich hinein, als wenn Sie die Sekretärin wären.

Wie geht es Ihnen dabei?

Hat der Lehrer Ihres Kindes das Recht, Sie in Ihrem Arbeitsbereich zu beurteilen? Geben Sie sich selbst eine ehrliche Antwort.

Es ist genau dasselbe, wenn Sie hinterrücks zum Klassenvorstand, Direktor oder Inspektor gingen und den Deutschlehrer Ihres Kindes als schlechten Lehrer beurteilen würden. Erstens ist es eine bequeme Schuldverschiebung (siehe Fallbeispiele). Zweitens können Sie es nicht beurteilen, da Sie im Unterricht nicht anwesend sind und kein Deutschstudium haben. Auch Lehrer sind mündige Menschen mit einer abgeschlossenen Ausbildung, wie Sie es sind.

Wenn ich an meine Schulzeit zurückdenke, erkenne ich heute, dass ich alles von der Schule subjektiv nach Hause gebracht und den Lehrern aus meiner unreflektierten emotionalen inneren Welt heraus oft Unrecht getan habe (Ich bin leider nicht mit einer gesunden emotionalen Intelligenz erzogen worden).
Das heißt aber nicht, dass Sie ein offenes Gespräch mit dem Lehrer vermeiden sollen. Es geht immer darum, von welcher Sichtweise Sie kommen: In der Motivation der Schuldverschiebung oder in der Motivation für eine gemeinsame, faire und direkte menschliche Problemlösung. Jeder Lehrer, Direktor, Inspektor, Vater oder Mutter unserer Schüler sollte bereit sein, einen außenstehenden Supervisor, Therapeut miteinzubeziehen, wenn es zu keiner krea-

tiven Problemlösung kommt. Somit erleben unsere Kinder, bzw. Schüler eine kreative Konfliktlösung und für unsere Kinder, Schüler wird es zu einer Selbstverständlichkeit, Probleme kreativ, fair und eigenverantwortlich zu lösen (s.emotionale Intelligenz). Wenn die Bevölkerung mit den Lehrern nicht zufrieden ist, dann sollte man in der Lehrerausbildung strengere Maßnahmen treffen.

☞ Zum Beispiel:

> Kein Lehrer oder Student darf zur Abschlussprüfung antreten, wenn er seine eigenen Projektionen nicht erkennt, zurücknimmt, reflektiert und in sich selbst heiler geworden ist.
> Sehr wichtig wäre, dass Direktoren und Inspektoren erst dann zu Direktoren und Inspektoren ernannt werden, wenn sie ihr unbewusstes Verletztes Kind größtenteils geheilt haben und diese innere Heilung dauert oft Jahre. Dadurch würde auch die Ernennung nach Parteipolitik überflüssig werden. (siehe Fallbeispiele)

Der Kommunikationsfluss zwischen Eltern, Lehrern, Schülern, Kollegen, Kindern, Inspektoren, Direktoren und Personalvertretern kann nur dann im natürlichen Fluss bleiben, wenn jeder seine Spiegelbilder erkennt, reflektiert und die Projektionen bzw. Verurteilungen zurücknimmt.

☯ **Echte Kommunikation ist die heilende Erfahrung wirklich verstanden zu werden und zu verstehen.**

Wie können wir Konflikte kreativ lösen?

Die schmerzhaften, destruktiven Konflikte, die leider so häufig auftreten, sollten durch eine andere Sichtweise verändert werden. Der Konflikt sollte konstruktiv und kreativ für unser Wachstum genutzt werden. Konflikte sollten nicht als etwas Schlechtes betrachtet werden. Wir erkunden in der kreativen Konfliktlösung gemeinsam die wirklichen Gründe für unser Nicht-Einig-Sein, indem wir einander austauschen, gut zuhören, gemeinsam die eigenen Blockierungen ohne Bewertung erkennen und wahrnehmen und die gegenseitigen Projektionen zurücknehmen.

Dass wir miteinander reden, reflektieren, gemeinsam erkennen, Projektion zurücknehmen macht uns zu Menschen:
Echtes Miteinander ▸ größere Abstimmung ▸ offener Austausch ▸ verminderte Gereiztheit ▸ Schwinden von Missstimmungen ▸ gewagteres, gemeinsames Wachstum, Entwicklung ▸ höhere Selbstverwirklichung ▸ und so fort.

Ein hinterrücks Bereden, böser Tratsch, Verleumdungen, Intrigen, Schuldverschiebung und Mobbing entfällt durch diese faire, offene menschliche Bereitschaft. Wir konfrontieren einander, wachsen miteinander und nicht gegeneinander. Wir sind ehrlich, echt und liebend zueinander. Wir verstecken den eigenen Schatten nicht. Durch diesen Mut geschieht Heilung.

Nur so können wir tiefer in unser Menschsein eindringen, nur so kann sich ein echtes, menschenwürdiges Miteinander entwickeln, nur so können wir unseren Kindern und Schülern ein echtes Vorbild sein.

Impulse zur Selbsthilfe

Was kann unser Bewusstsein schulen?

Fragen Sie sich jedesmal, wenn ein tieferes Gefühl oder ein wiederkehrender Gedanke auftaucht: Was empfinden Sie dabei im Körper? Sofort ist Ihre Aufmerksamkeit bei Ihnen, und die kontrollierende Macht der Projektion ist unterbrochen.

Eine Übung, um den Wurzeln der Projektionen auf die Spur zu kommen:

Denken Sie zurück an den heutigen Tag und besonders an die Leute, die Sie getroffen haben. Was waren Ihre anerkennenden Gedanken über sie? Was waren Ihre kritischen Gedanken über sie? Nun schauen Sie nach, ob Sie die gleichen guten Punkte und die gleichen Fehler bei sich selbst finden können, wie Sie es bei den anderen gefunden haben. [3]

Projektionen können auch Spuren zu Verstecken und Geheimnissen der eigenen Persönlichkeit sein:

3 1997 Joy Manne, Soul Therapy, S.131

Erstellen Sie eine Liste der Menschen, die Sie immer wieder kritisieren oder verachten. Schreiben Sie neben jeden Namen den Charakterfehler oder Persönlichkeitszug hin, den Sie an ihm besonders ablehnen.
Dann gehen Sie die Liste durch und fragen Sie sich ehrlich, ob Sie nicht auch das gleiche Verhaltensmuster selbst in sich haben und insgeheim bei sich selbst ablehnen. Wenn Sie über Menschen und Sachen nachdenken, die Sie nicht mögen, kann das Geheimnisse über Sie selbst lüften, die Sie vor sich selbst versteckt haben. [4]

---

[4] 1995 John Bradshaw, Family Secrets, S. 213

Dyade: Ich bin so toll, weil ...

Dyade: Sag mir, was du an mir magst.

Dyade: Sag mir, was berührt dich an mir.

Der Schlüssel zur Freiheit

1. Spiegel - Gesetz [5]

Alles, was mich am anderen stört, ärgert, aufregt oder in Wut geraten lässt und ich anders haben will, habe ich selbst in mir.

Alles, was ich am anderen kritisiere oder sogar bekämpfe und verändern will, kritisiere, bekämpfe oder unterdrücke ich in Wahrheit in mir und hätte es gerne anders.

2. Spiegel - Gesetz

Alles, was der andere an mir kritisiert, bekämpft und verändern will und ich mich deswegen verletzt fühle, so betrifft es mich - ist dies in mir noch nicht erlöst, meine gegenwärtige Persönlichkeit fühlt sich beleidigt - der Egoismus ist noch stark.

3. Spiegel - Gesetz

Alles, was der andere an mir kritisiert und mir vorwirft oder anders haben will und bekämpft und mich dies nicht berührt, ist es sein eigenes Bild, sein eigener Charakter, seine eigene Unzulänglichkeit, die er auf mich projiziert.

4. Spiegel - Gesetz

Alles, was mir am anderen gefällt, was ich an ihm liebe, bin ich selbst, habe ich selbst in mir und liebe dies im anderen. Ich erkenne mich selbst im anderen - in diesen Angelegenheiten sind wir eins.

---

5 Quelle: Unbekannter Verfasser

Das Innere Kind

„Der Zeitraum von der Verbindung der Seele mit dem Körper über die Geburt und das Kindesalter bis hin zur Pubertät ist von größter Bedeutung für einen Menschen. Vielen Problemen im Erwachsenenleben liegen schmerzhafte Erlebnisse und Erfahrungen innerhalb dieser Zeitspanne zugrunde. Die Summe all dieser Erfahrungen bezeichnet man als „Inneres Kind". Das Innere Kind in uns ist meist verletzt. Intensive schmerzliche Erfahrungen fügten der Seele Wunden zu, die geheilt werden müssen, da ihre Auswirkungen ansonsten den Erwachsenen bestimmen und er sein Leben nicht zu Freiheit und Selbstbestimmung führen kann." [6]

Hat der Erwachsene, haben die Eltern das eigene Innere Kind nicht geheilt, wird das eigene Kind ähnliche Verletzungen erleben. Sind die Eltern bereit, mit dem Kind zu wachsen, dann werden die unbewussten Spiegelbilder gemeinsam durchbrochen. Das Innere Verletzte Kind des Erwachsenen wird schrittweise mit seinem Kind geheilt und dieses erlebt dadurch weniger Verletzungen sowie eine Entwicklung zu einer freieren Persönlichkeit.

Das bedeutet:
Die Eltern übernehmen die Verantwortung für ihre Gefühle, indem sie zusammen mit ihrem Kind die falschen, unbewussten Glaubensmuster kennen lernen, die ihren Schmerz verursachen. Dies bedeutet, dass sie einen liebevollen und unterstützenden Bereich (Therapeut) schaffen, in dem sie alte Wut und alten Schmerz

[6] 1997 Dahlberg S 30-33

nochmals durchleben und loslassen können. Dadurch entdecken sie, welch innere Freiheit, Freude, Ausgeglichenheit etc. sich dadurch entwickelt.

Auch Lehrer, Direktoren, Inspektoren und Personalvertreter sollten unseren Schülern eine liebevolle, echte Erziehung vorleben können. Ein Direktor, Inspektor oder Kollege, der sein Inneres Kind geheilt hat, zwingt dem Schüler, dem Lehrer, dem Kollegen nicht seinen Willen auf, ist nicht lieblos, schikaniert nicht die Kollegen, benützt nicht Schüler, Kollegen, Direktoren und Inspektoren gegen einen Lehrer, hat nicht das Bedürfnis autoritär zu sein oder seine Machtposition zu schützen. Er verurteilt und verleugnet nicht, er lebt völlig „in der Gegenwart".

Werden die Verletzungen nicht geheilt, dann werden die schmerzhaften Erfahrungen des Inneren Verletzten Kindes ins Unbewusste verdrängt. Diese Verletzungen haben jedoch immer eine Wirkung auf den Menschen, denn im Unbewussten wirken sie weiter und können mit großer Macht das Bewusstsein eines Menschen beeinflussen. Das verletzte Innere Kind in uns ist oftmals der Grund, weswegen wir in manchen Situationen keine Kontrolle mehr über uns haben und ein Verhalten anderen gegenüber zeigen, das uns danach Leid tut. Diese Situationen sind oftmals Affektzustände, also von starken Gefühlen begleitet. Um sich nicht mehr von den Verletzungen der Kindheit kontrollieren zu lassen, soll man das Innere Kind heilen. Das Innere, Verborgene und Unterdrückte sollte gereinigt werden, damit das Offensichtliche gedeihen kann.
Der Erwachsene, der mit dem Inneren Kind verbunden ist und das verletzte Innere Kind größtenteils geheilt hat, ist stark, mutig,

dynamisch, neugierig, voller Lebensfreude, kreativ, intuitiv, verspielt, spontan, flexibel. Er ist weich, ist direkt, erkennt seine Schattenanteile, reflektiert, ist liebevoll, sensibel, lebt großes Einfühlungsvermögen. Er lebt ein echtes Mitgefühl gegenüber seinen Mitmenschen und ist immer für neue Ideen und Erfahrungen offen. Er ist auch frei von Depressionen.

Das Innere Kind wird der rechten Gehirnhälfte zugeordnet, wo das Sein, Fühlen, Berühren und Erleben gelebt werden. Unsere Gesellschaft schätzt die Logik außerordentlich hoch ein, während sie die Weisheit, die aus den Gefühlen kommt, abwertet. Sie misst der linken Gehirnhälfte große Bedeutung bei, während sie die rechte ignoriert. Dadurch wurde ein erschreckendes Ungleichgewicht geschaffen: Die Macht der Logik, ohne die Macht der Weisheit.

Weisheit ist die Summe aller unserer Erfahrungen, die als Gefühle gespeichert sind.

Jeder einzelne kann dazu beitragen, dass unsere Gesellschaft und unser Schulsystem wieder gesünder werden, indem er in sich selbst heiler wird.

Danke für diese Bereitschaft!!

Impulse zur Selbsthilfe

Fragen zur Selbstreflexion

Wenn Sie auch nur einige der folgenden Fragen mit „ Ja“ beantworten müssen, dann wurde Ihr Inneres Kind verletzt. Atmen Sie drei bis viermal tief ein und aus und versuchen Sie ohne Bewertung die Fragen zu lesen. Seien Sie ehrlich zu sich selbst, aber bewerten Sie sich nicht.

> DU BIST OKAY. ICH BIN OKAY MIT ALL UNSEREN BEDÜRFNISSEN, GEFÜHLEN, SCHATTENANTEILEN ETC.

- ❖ Hungern Sie nach Liebe, Lob, Anerkennung, Zuneigung und Aufmerksamkeit von anderen Menschen und können Sie davon niemals genug bekommen? Neigen Sie zu Sucht, egal in welcher Form, von der Alkoholsucht, Zigarettensucht bis hin zur Eifersucht?
- ❖ Geraten Sie immer wieder in Abhängigkeiten von einem anderen Menschen, vor allem in der Beziehung zu einem Partner?
- ❖ Erleben Sie in Beziehungen immer wieder Enttäuschungen?
- ❖ Haben Sie das Gefühl, dass Ihre eigenen Bedürfnisse nur von anderen Menschen befriedigt werden können?
- ❖ Neigen Sie zu verbaler Gewalt, zu Affektausbrüchen, zu Situationen, in denen Sie sich nicht mehr unter

Kontrolle haben?

- ❖ Haben Sie wenig Selbstwertgefühl, wenig Selbstbewusstsein und misstrauen Sie anderen Menschen übermäßig?
- ❖ Neigen Sie zu Depressionen oder sehen Sie im Leben wenig Sinn?
- ❖ Tun Sie vieles, um aufzufallen und Beachtung zu erlangen?
- ❖ Streben Sie oftmals ausschließlich nach materiellen Gütern?
- ❖ Hängt ihre Gemütsverfassung immer davon ab, was andere Leute über sie denken, dann stehen Sie noch unter Zwang, (es sind die Gedanken anderer Menschen und hat nichts mit Ihnen zu tun) sich selbst unterdrücken zu müssen, um Liebe zu gewinnen.
- ❖ Wahre Liebe basiert nie auf Selbstunterdrückung.

Die Auflösung dieser Verhaltensmuster bzw. Schattenanteile (Alkoholsucht, Eifersucht, Affektausbrüche, Abhängigkeiten etc.) können Sie nur dann erhalten, wenn Sie mit viel Geduld, schrittweise Ihr Inneres Kind heilen. (Siehe Seite 9-13 und 6-7)

Abwehrmechanismen

Die Abwehrprozesse sind überwiegend weder der Beobachtung noch der Selbstbeobachtung zugänglich, sondern erfolgen gewissermaßen im Dunkel des Unbewussten. Auf die Verdrängung übertragen heißt dies, dass nicht nur die verdrängten Vorstellungen und Impulse, sondern auch der Vorgang des Verdrängens als solcher unbewusst bleibt.
Da die Fortführung der Verdrängung bzw. Abwehr einen dauernden Energieaufwand erfordert, muss im Falle einer Verdrängung fortwährend Energie aufgebracht werden, die ansonsten für andere Aktionen verwendet werden könnte.
Somit können umfassende und zahlreiche Verdrängungsprozesse zu einem störenden Defizit an verfügbarer Kraft und Energie im psychischen Haushalt führen.

Hierzu fällt mir eine Kollegin ein, die ihren Mann durch einen Autounfall verloren hat, nachdem er sie während eines Streites zutiefst verletzt hat. Sie hatte den Hass gegenüber ihrem Mann völlig verdrängt indem sie in kürzester Zeit nach dem Tod ihres Mannes wieder eine Beziehung einging. Unbewusst entschloss sie sich für einen Partner, der sie nicht an ihren verstorbenen Mann erinnerte. Während der integrativen Atem-Körpertherapie konnte sie die verdrängten destruktiven Gefühle gegenüber ihrem verstorbenen Mann aufheben. Nachdem sie die Hassgefühle aufgelöst hatte, wurden ihr wieder neue Energiepotentiale zugänglich. Sie wurde wieder aktiver, unternehmender, lebendiger, offener und hatte danach wieder viel mehr Freude und Kraft Jugendliche zu unterrichten.

Wenn etwas ins Unbewusste verdrängt wird, heißt das gleichzeitig, dass der Kontakt mit den ursprünglichen Gefühlen und Schmerzen verloren geht. Das heißt jedoch nicht, dass dieser Schmerz unser Verhalten nicht mehr beeinflusst, sondern nur dass wir seine ursprüngliche Bedeutung nicht mehr kennen. Was für unsere Integration zu schmerzhaft ist, nehmen wir nicht bewusst zur Kenntnis. Diese unterdrückten Anteile vermindern unsere Lebensqualität.

Meiner Meinung nach ist in Bezug auf die zwischenmenschliche Beziehung die Projektion der gefährlichste Abwehrmechanismus. Das bedeutet, den Balken im Auge des anderen zu sehen, den man im eigenen Auge nicht ertragen kann.

☞ ***Wie soll ich mich als Elternteil verhalten, damit mein Kind seine Spontaneität, Freude, Lebendigkeit, Selbstständigkeit, Offenheit, Sehnsüchte nicht verdrängt?***

Viele von uns wurden von Menschen erzogen und manipuliert, die selbst hilflos in ihren eigenen Lebensängsten steckten, ihre eigene Innere Kindheit nicht aufgearbeitet haben, unbewusst blieben, dem Leben nicht trauten und Lebensfreude unterdrückten.

Ist jedoch mein Inneres verletztes Kind aufgearbeitet, dann erlebt mein Kind auf natürliche Weise eine freie, lebendige und liebevolle Erziehung. Die Eltern bleiben wertfrei, beurteilen nicht, da sie durch ihre innere Aufarbeitung erfahren haben, dass alle Gefühle in Ordnung sind und dass ihr Kind einzigartig ist. Das Kind erlebt eine Entwicklung nach seinem Tempo und nicht nach den Vorstellungen Erwachsener, die mit den eigenen Schuldgefühlen und damit mit der eigenen unaufgearbeiteten Kindheit verbunden sind.

Eltern brauchen dann die Befehle, die sie selbst in ihrer Kindheit immer wieder gehört haben, nicht zu wiederholen.

Zum Beispiel:
Weine nicht!, Sei nicht aggressiv!, Sei still!, Verhalte dich ruhig!, Sei nicht wütend!, Stell dich nicht in den Vordergrund!, Benimm dich!, Sei artig!, Fall nicht unangenehm auf!, Füge dich!, Ärgere niemand!, Widersprich nicht!, Sei schön brav!, Sei gehorsam!, Halt den Mund!, Mach mir keine Schande!, Mach dich nicht schmutzig!, usw.

All diese Aussagen sind Aufträge, die Gefühle, Spontaneität, Freude, Lebendigkeit, Einzigartigkeit, Sehnsüchte und Offenheit erst gar nicht aufkommen lassen. Das Kind erlebt dadurch eine verarmte, ausgelieferte und hörige Erziehung.
Ist dieser Kreislauf durchschaut, kann sich die Familie mit ihren Kindern aus dieser Lebensverarmung befreien und sie entdecken gemeinsam ein neues Leben.
Es ist jedoch sinnlos eine Montessori-Pädagogik anzubieten, wenn der Lehrer, Direktor, die Eltern unserer Schüler und Kinder nicht schrittweise ihr Inneres Kind heilen und ihre Projektionen und Schuldverschiebungen zurücknehmen. Es ist dann eine aufgesetzte, funktionierende Montessori-Pädagogik, jedoch kein natürliches, gemeinsam entwickeltes Wachstum.

☞ ***Mit welcher therapeutischen Technik konnte ich mein Inneres Kind schrittweise heilen?***
(Meine innere Aufarbeitung ist jedoch noch nicht beendet.)

Seit 16 Jahren löse ich mit viel Geduld schrittweise meine Blockaden auf, wobei ich erkennen durfte, dass die effektivsten Therapieformen die integrative Atem-Körpertherapie und die Holotrope Atemtherapie sind. Sie sind ganzheitlich abgedeckt, gehen viel tiefer und wirken auch schneller. Die österreichische Gesellschaft hat je-doch noch nicht die Kraft und den Mut, diesen effektiven Therapieformen ihre Anerkennung zu geben. Es sind ihre unbewussten Ängste vor ihrer spirituellen Intelligenz, vor ihrer eigenen inneren Autorität, sowie vor einer positiven gesellschaftlichen Veränderung. Lieber Kontrolle, Macht, Schuldverschiebungen und Leid, als fließende Liebe unter den Mitmenschen.

Zuerst versuchte ich, meine alltäglichen Probleme durch eine Gesprächstherapie, Gestaltstherapie und Familientherapie zu lösen. Ich verstand meine Probleme und meine Eltern, doch es trat keine Normalisierung ein. Diese Therapieformen konnten das gesamte System nicht beeinflussen. Allein zu verstehen, was die Eltern taten, zu vergeben, zu rationalisieren oder vergessen zu wollen, änderte nichts.

Durch einen Freund lernte ich die integrative Atem- Körpertherapie und Holotrope Atemtherapie kennen. Durch diese Technik kam ich sehr rasch zu meinem Inneren Kind, zu negativen unterdrückten Erinnerungen mit emotionalem Gehalt und Bildern. Das Wiedererleben öffnete mir die Schleuse zu emotionalen Speichern. Die Qual, die nie gefühlt wurde, wurde erlebt. Tränen, die nie vergossen wurden, flossen. Traurigkeit, Wut und Schmerz,

Aggressionen, die ich in verschiedenen Situationen zurückgehalten hatte, erlebte ich in vollem Ausmaß. Die blockierte Energie „hatte ihr Ventil gefunden" und meine innere Heilung drückte sich in der Körperhaltung, in der Atmung, im verbalen Ausdruck, in meiner Lebendigkeit, Offenheit, Spontaneität und in den zwischenmenschlichen Beziehungen aus. Ich nahm mich dann schrittweise mit all meinen Gefühlen selbst an und begann mich und mein Inneres Kind zu lieben. Die Emotionale Intelligenz entwickelte sich dadurch automatisch.
Während der Sitzungen nahm ich mich oft als Kind wahr und erlebte, wie offen liebevoll mir die kleine Hildegard immer wieder begegnete. Die erwachsene Hildegard betrachtete die kleine Hildegard zuerst mit Angst und Distanz. Heute habe ich die kleine Hildegard in mein Herz geschlossen und sie wurde ein Teil meines Lebens.

Nach mehreren Atemsitzungen nahm ich wieder mein spirituelles ICH wahr, die wahre Stimme des Herzens und ließ alte Glaubenssätze, sowie einen Teil meines Egos los. Ich beobachtete dies auch in meiner Praxis, dass viele Klienten nach mehreren Sitzungen ihr spirituelles ICH wieder mehr wahrnahmen. Dafür empfinde ich viel Dankbarkeit und Freude.

Meine eigene Schulzeit war mit vielen Ängsten und Unsicherheiten verbunden. Obwohl ich viel lernte, blieb der tolle Erfolg aus. Meine innere Verzweiflung war oft sehr groß. Durch viele psychische Belastungen wurde auch meine Konzentration immer schwächer. Mein System war von den vielen Unterdrückungen überlastet.

Nach einer 4 Stunden langen Atemsitzung mit Dr. med. Dr. phil. Stan Grof wurde mir auch klar, aus welchem Grund ich gefährliche Sportarten ausübte (Klettern bis +7, Wildwasserpaddeln, Schiwanderungen bei denen ich über viele Gletscherspalten, Lawinenhänge ging und fuhr). Ich kam oft an Grenzen wo ich mir schwor, „Nie wieder!“ und trotzdem wiederholte ich diese Situationen. Ich wollte unbewusst meine Angst über die Außenwelt lösen. Ich spürte während der Sitzung sehr lange viel Mitgefühl mit mir selbst und die Tränen flossen mir nur so runter. Ich ließ los und erkannte und spürte in allen Zellen, dass Ängste nur von innen her aufgelöst werden können.

Bei einer Vorlesung über Phobie mit Dr. med. Dr. phil. Stan Grof, erklärte er uns, dass er auch nach 45 Jahren Forschung festgestellt habe, dass Legasthenie oft die Ursache einer schweren Geburt sei.
Durch die integrative Atem - Körpertherapie kam ich auch zu meiner Geburt, Embryozeit und Empfängnis. Ab diesem Zeitpunkt wurde mir noch bewusster gemacht, dass wir alle Erfahrungen im Körper gespeichert haben, die unser Leben stark beeinflussen.

Als ich das erste Mal meine Geburt wieder erlebte, war sehr viel Angst, Aggression, Wut, Übelkeit und Erstickungsgefühle vorhanden. Ich nahm dann wahr, dass die Nabelschnur um den Hals gewickelt war. Nachdem ich die Geburt nochmals durchlebt hatte, erkannte ich, wo der Ursprung meiner vielen Ängste, Unsicherheiten lag, die mein Leben beständig blockierten. Mittlerweile bin ich den Geburtskanal bereits dreimal durchgegangen, wobei sich viele Ängste, Unsicherheiten und Aggressionen auflösen konnten. Mir wurde auch bewusst, dass ich bei bestimmten Lebenssituationen immer wieder einen Schritt zurücktrat, bevor ich meine Klarheit aussprach, aus der unbewussten Angst heraus ersticken zu müssen. Heute kommen solche Situationen kaum mehr vor.

Das Erstickungsgefühl bei meiner Geburtsperiode wieder zu erleben, was viele Ängste auflöste, ist etwas, das auf keine andere Weise geschehen kann. Hier werden Ursachen auf ihrer eigenen Ebene bewältigt. Der Versuch, das Geschehen zu besprechen, ist ein Widerspruch in sich, weil es dafür keine Worte gab und gibt.

Das Geburtstrauma beispielsweise ist tiefer und niedriger gespeichert als Erlebnisse, die im Alter von 6 Jahren erfolgten. Es gibt dann Erfahrungsschichten, die das frühe Trauma überlagern. Das ist der Grund, warum wir erst nach einigen Monaten an frühes Material herankommen. Der Ablauf des Widererlebens kann nicht beschleunigt werden. Er ist so wie die stapelbaren Teller in einem Restaurant. Sie nehmen einen Teller und der nächste bietet sich zum Gebrauch an. So ist Erinnerung angelegt. Sie erleben einen Teil wieder und nun bietet sich der nächste an. Es verläuft nicht immer so klar, aber im Allgemeinen ist das die Reihenfolge.

Es gibt jedoch Zeiten in der Therapie, in denen das Wiedererleben nicht gefördert wird. Wenn im gegenwärtigen Leben des Betreffenden solche Unruhe herrscht, dass Wiedererleben desintegrierend wäre, dann haben das gegenwärtige Leben und seine Probleme Priorität.

Bei der integrativen Atem- und Körpertherapie hängt der Erfolg einer Sitzung immer davon ab, ob der Klient bereit ist, sich zu öffnen. Insofern können die Erfahrungen immer nur so tief gehen, wie weit der Klient dazu bereit ist. Man braucht vielleicht mehrere Sitzungen, um ein und dieselbe Erfahrung allmählich zu integrieren, doch dieser Prozess führt zum Kontakt mit tiefer liegenden und schmerzhafteren Erinnerungen. Der Klient bestimmt selbst das Tempo und den Zeitpunkt andem er bereit ist, mit dem Inneren Kind in Kontakt zu kommen.

Die psychotherapeutische Wirkung der integrativen Atem- und Körpertherapie beruht auf der Integration blockierter Erinnerungen, sowie der Entladung der emotionalen unterdrückten Gefühle dieser Erinnerungen, die einen seelischen Reinigungsprozess darstellen.

Meine eigene Selbsterfahrung bestätigt die Aussagen von Gunell Minett, dass es nicht nur im übertragenen Sinn gemeint ist, wenn wir von blockierten Erinnerungen sprechen. Es handelt sich buchstäblich um eine permanente Anspannung der Muskeln in bestimmten Bereichen des Körpers. Dadurch werden die normalen Kreislauffunktionen eingeschränkt, und das wiederum behindert die Ausscheidung der Abfallprodukte des Stoffwechsels und den Transport von Baustoffen für die Zellerneuerung. All das zehrt am Körper, lässt den Menschen altern und alle potentiellen Energien verkümmern.[7]

Nachdem die blockierten Erinnerungen aufgelöst und in das Bewusstsein integriert worden waren, erhielt mein Körper wieder mehr fließende Energie und Kraft und die psychische Einstellung veränderte sich. Meine erste integrative Atem- und Körpertherapiesitzung erlebte ich kraftvoll, weich, mit innerer spürender Selbstliebe und der Atem war beständig rund, wie ein Wasserrad.
In den darauf folgenden Tagen, hatte ich drei Tage fast einen geruchlosen Stuhl, (Schwefelgeruch war vorhanden) brauchte sehr wenig Schlaf und aß kaum etwas. Durch diese Sitzung wurde mir so stark bewusst gemacht, was für hohe Lebensqualität ich haben

[7] 1997 Gunell Minett S 135

könnte, wenn Geist und Körper völlig heil und gesund sind. Es war ein Geschenk des Universums. Durch dieses Geschenk erhielt ich die Kraft, beständig meine Blockaden mit einem kraftvollen Atem zu durchbrechen, Projektionen rasch zurückzunehmen, mein Gesundheitszustand sowie die Liebe zu meinen Mitmenschen veränderten sich enorm.

☞ *Wie funktioniert die integrative Atemtherapie?*

Eine spezielle Atemtechnik ist weniger bedeutend als die Tatsache, dass der Klient schneller und effektiver als gewöhnlich atmet und dabei das Bewusstsein auf die innerpsychischen Vorgänge richtet.

Zu den allgemeinen Strategien in der integrativen Atem- und Körpertherapie gehört es, der im Körper wohnenden Weisheit, dem spirituellen SELBST zu vertrauen. Es kann dadurch auch kein Missbrauch in der Therapie geschehen. Ich habe oft bei mir selbst erlebt, dass mein klassischer Psychotherapeut seine eigenen unverheilten Wunden auf mich projizierte. Ein Therapeut versuchte sogar meine Wunde mit einem professionellen Etikett zuzukleben.

Diese Erfahrung habe ich jedoch gebraucht, um einen Schritt weiter gehen zu können und dafür bin ich dankbar. Wir vergessen oft, dass die spirituelle Essenz des Betroffenen die Heilung bewirkt. Der wahre Therapeut respektiert die Selbstheilungskräfte seiner Klienten. Er hilft ihnen lediglich, die Verbindungen herzustellen, die hergestellt werden wollen und schafft einen sicheren Raum wo Heilung stattfinden kann. Die Klienten werden deshalb ermutigt, auf die inneren Signale aus dem Organismus zu achten und sich an keine Theorie zu klammern. Die innere Weisheit operiert automatisch. Man erhält, was man braucht, und nicht was man will.

In dieser Technik wird eine konventionelle Interpretation wegen ihrer Willkürentscheidung und Abhängigkeit von der Schule des Therapeuten vermieden. In der Praxis der klassischen Psychotherapie wird der gleiche Inhalt sehr unterschiedlich interpretiert, abhängig von der Technik und der persönlichen Voreinstellung des Therapeuten. Es gibt auch keinen Beweis für eine Korrelation zwischen dem Gehalt von Interpretationen und den klinischen Resultaten. (Korrelation: Wechselbeziehung- Zusammenhang zwischen statistischen Ergebnissen) Aus: „The Healing Breath" Vol.3, Nr.3

Auch ich habe in den letzten 13 Jahren Atemarbeit mit mir selbst immer wieder festgestellt, dass die therapeutische Antwort immer aus mir heraus kam. Diese Antwort kam oft einige Tage nach den Sitzungen durch einen Traum oder im Alltag. Ich spürte es in allen Zellen, dass dies meine absolute eigene Wahrheit war und nicht die äußere Interpretation eines Therapeuten. Wertfreie Impulse zur Integration und Abrundung sind immer hilfreich, jedoch keine Interpretationen.

Der Atem ist eine Wechselwirkung zwischen unserem Selbst und der Atmosphäre, die uns umgibt. In der integrativen Atemtherapie atmen wir dabei ähnlich entspannt, verbunden und umfassend, wie es die meisten Leute im Tiefschlaf tun. Dieses Atemmuster löst körperlich und seelisch einen natürlichen Reinigungsprozess aus. Die Kombination von tiefer Entspannung, Offenheit von Körper und Geist und einem erhöhten Sauerstoffangebot kann alle Blockaden lösen, die den natürlichen Kreislauf in unserem Körper behindern.

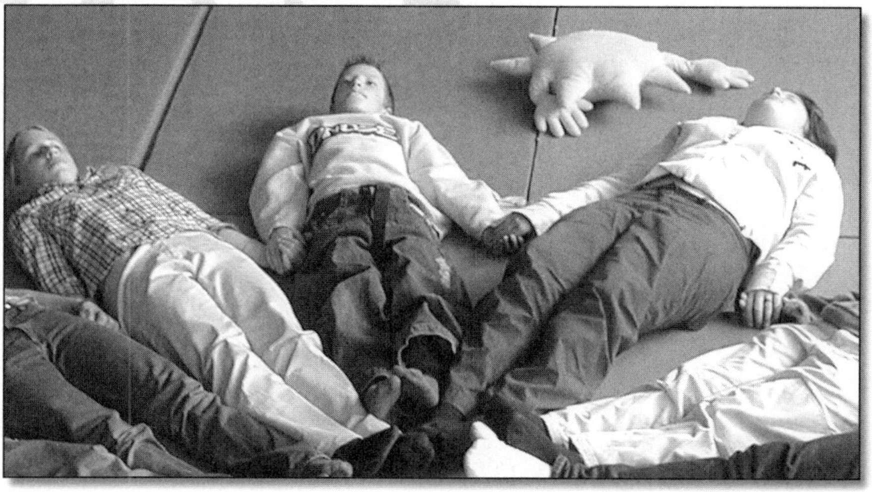

Integrative Atemtherapie mit Schülern - „Der Energiestern“

„Obwohl es sich um eine rein körperliche Übung handelt, hat sie doch direkte Auswirkungen auf die Psyche. Durch die Entspannung und die Anregung des Kreislaufs (zusätzliche Sauerstoffzufuhr) gelangen vermehrt chemische Botenstoffe in den Blutstrom. Das hat einen reinigenden Effekt auf Körper und Seele. Wenn die chemischen Botenstoffe das Gehirn erreichen, können sie dort als Information empfangen und als Erinnerungen an frühere Erfahrungen interpretiert werden. Wilder Penfield[8] hat gezeigt, dass es möglich ist, Erinnerungsbilder aufzulösen, indem man bei einer Kopfoperation verschiedene Bereiche des Gehirns mit einer Elektrode reizt. Die integrative Atemtechnik hat sich als ähnlich wirkungsvoll erwiesen, wenn es darum geht, wieder Zugang zu alten Erinnerungen zu finden. Die Tatsache, dass dieser Vorgang nicht durch geistige, sondern durch körperliche Aktivität ausgelöst wird - durch mehr Offenheit, Entspannung und einen verbesserten Kreislauf - eröffnet die Möglichkeit, Erinnerungen aus den früheren Zeiten unseres Lebens zu reaktivieren. Bevor unser Gehirn voll entwickelt war, wurden Erinnerungen als physische Empfindungen in verschiedenen Zellen unseres Körpers registriert und gespeichert. Diese sehr frühen Erinnerungen sind unserem Verstand nicht zugänglich, denn sie haben sich nicht unserem Gehirn eingeprägt, sondern nur den jeweiligen Körperteilen, die an der ursprünglichen Erfahrung beteiligt waren. Der reinigende Effekt auf den Körper wird oft als Zuwachs von Energie empfunden. Daraus können wir auch mehr geistige Frische gewinnen, die die physischen und psychischen Körperfunktionen anregt."[9]

Ein entspanntes, offenes Atemprofil ist der Schlüssel zu unserem spirituellen Selbst. Dabei geht man von der Annahme aus, dass jeder Gedanke und jedes Gefühl auch eine Form von Energie dar-

8 Wilder Penfild „The Mystery of the Mind"; 1975.

9 1997 Gunell Minett

stellt und als solche ausgedrückt werden kann - durch den Atem. Das verleiht dieser Technik eine besondere Bedeutung, weil wir unsere Atmung ändern müssen, wenn Körper und Geist geheilt werden sollen. Die Beschleunigung des Atemrhythmus und die Erhöhung der Wirksamkeit des Atems bauen in der Regel die psychischen Abwehrmechanismen ab und bewirken eine Freisetzung und Bewusstwerdung unbewussten Materials. Eine bestimmte Musik hilft dem Betreffenden über schwierige Erfahrungen hinwegzukommen, alte Emotionen zu mobilisieren und versetzt den Klienten in die Lage, sie auszudrücken. Es ist wichtig, sich dem Fluss der Musik völlig hinzugeben, sie im ganzen Körper schwingen zu lassen und auf sie in spontaner Weise zu reagieren. Mit dieser Technik lassen sich psychosomatische Blockierungen erfolgreich überwinden, so dass diese keine Probleme mehr darstellen.

☯ *Impuls zur Selbsthilfe*

Der „Fünfer Atem"

1) Eine einfache Übung, um die Energie - Atmung zu intensivieren und das Gefühl für den integrativen - Atemzyklus zu entwickeln:

2) Vergessen Sie jede andere Atemtechnik und Theorie über Atmung während dieser Übung.

3) Beim Einatmen den Atem hochziehen - beim Ausatmen nichts tun - einfach den Atem auslassen.

4) Zwischen Ein- und Ausatmen entsteht keine Pause - die Zyklen Ein-/Ausatmen werden mehr und mehr zu einem geschlossenen Kreis.

5) Die Atemgeschwindigkeit ergibt sich von selbst durch das Ausatmen:
   Wenn Sie beim Ausatmen nachhelfen, dann sind Sie zu schnell, wenn Sie den Atem zurückhalten, sind Sie zu langsam.
   Machen Sie vier Atemzyklen (Ein-/Ausatmen) mit dem Hauptaugenmerk auf „rundes" Atmen (Punkt 3).
   Beim fünften Zyklus füllen Sie die Lungen bis obenhin so tief es geht im gleichen Rhythmus. Im gleichen Rhythmus fortfahrend machen Sie wieder je vier runde Atemzyklen zum Schwungholen und wieder einen tiefen Zyklus.

Der „Fünfer Atem" in der Klasse.

Vier Sets aus fünf solchen Atemzyklen bringen Sie bereits in tiefere Verbindung mit Körper und feineren Ebenen ihres Bewusstseins.

Beobachten Sie nur was passiert und wiederholen Sie die Übung mindestens drei mal pro Tag, am besten gleich nach dem Aufstehen und immer wenn Sie sich „zu" fühlen. Diese Übung hilft auch Emotionen zu entladen.

Nach dem „Fünfer-Zyklus", entspannen Sie sich fünf Minuten. Während der Entspannung schließen Sie die Augen und fühlen Sie welche Gefühle Sie wahrnehmen, damit Sie auch davon etwas haben und zugleich integrieren Sie Ihre Gefühle.
Ich habe diese Übung oft mit meinen Schülern gemacht. Sie fühlten sich danach frischer, konzentrierter, ruhiger und freier.

Quelle: Seminarveranstaltung

Vermutungen, Annahmen, Einflüsse und mein Ego

Wenn ein Schüler vermutet, dass er plötzlich von seiner Lehrerin nicht mehr gemocht wird: „Sie haben", so meint er, „so komisch dreingeschaut und mich auch gar nicht aufgerufen".
Diese Eindrücke sind sehr subtil. Welche Zweifel und Unsicherheiten stehen dahinter? Diese Unsicherheit kann daher kommen, dass wir uns mit der Unsicherheit des Vaters oder der Mutter identifizieren. Es kann sein, dass der Schüler den Vater oder die Mutter sehr launisch erfährt. Der Schüler projiziert seine eigene Unsicherheit unbewusst auf den Lehrer. Während der Schwangerschaft werden wir schon von den Gefühlen, Gedanken der Mutter beein-

flusst. Als Kleinkinder sind wir offen und registrieren die Gefühle und Gedanken unserer Mütter und Väter durch Telepathie. Diese ersten Eindrücke beginnen allmählich, unsere eigene Sichtweise zu formen. Während wir aufwachsen nehmen wir die Einflüsse unserer Brüder, Schwestern, Freunde, der Kultur, Gesellschaft, Schule, Lehrer, des Fernsehens, Radios, der Nachrichten und dergleichen in uns auf. All diese Einflüsse formen unser Bewusstsein. Einiges weisen wir zurück, einiges verdrängen wir, mit einigem identifizieren wir uns oder akzeptieren es, abhängig davon, ob es uns Schmerz oder Vergnügen bereitet, ob wir dabei Sicherheit oder Unsicherheit empfinden. So entwickelt sich allmählich unser Ego, das Gefühl, ein von anderen getrenntes ICH zu sein.

Unsere individuelle Persönlichkeit entsteht. Wir verlieren den Kontakt mit dem reinen Bewusstsein, mit dem wir zur Welt kamen.

„EGO" ist heutzutage ein sehr häufig gebrauchtes Wort, aber viele Menschen wissen nicht, was es bedeutet. Das Ego ist nichts anderes als der Schatten des wahren Selbst. Die vielen Milliarden menschlicher Egos sind vergleichbar mit verkorkten Flaschen, die auf dem Ozean treiben und nicht das Gefühl haben, untereinander verbunden zu sein. Unsere Aufgabe ist ein schrittweises Loslassen unserer Schattenanteile, unseres Egos, sodass wir schließlich wieder zu unserem wahren Selbst, zu unserer wahren Individualität finden können. Das Individuum ist kein Egoist, sondern es ist befreit vom Ego, es ist mit allem eins.

Das Wort „Individuum" bedeutet „unteilbar", es bedeutet Eins mit allem Anderen.[10] Um von Ego-Blockierungen wirklich befreit zu werden, müssen wir unser Menschsein in der Familie, am Arbeitsplatz, in der Schule, in Beziehungen und Freundschaften in einem

10 Deborah Rozmann S 55-56

vollkommen neuen Licht sehen. Zusammen leben, zusammen arbeiten sollte dann heißen gemeinsames Wachsen, Projektionen zurücknehmen, wertfreies Erkennen. Daraus entsteht wahre Liebe zu meinem Mitmenschen oder zu meinem Partner.

Die Pubertät

☞ ***Wie kann ich die Beziehung zu meinem Kind während der Pubertät verbessern?***

☞ ***Wie verhalte ich mich, wenn mein Kind während dieser Zeit, von der Schule viele negative Noten nach Hause bringt?***

Die Pubertät ist eine Zeit starker Gefühlsschwankungen. Die meisten Gefühle werden jedoch versteckt und erscheinen nach außen hin als Launenhaftigkeit, als rebellisches Wesen oder als eine ungestüme heftige Art. Es ist gerade für Jugendliche dieser Altersgruppe wichtig, eine gewisse Sensibilität für psychologische Zusammenhänge zu erfahren. Die meisten Jugendlichen und Schüler sind für alle psychologischen Zusammenhänge sehr offen, wenn sie dadurch ihre innere Problematik lösen und mehr Selbstwert entwickeln können, um nicht von den Reaktionen der Außenwelt so abhängig zu sein.

Ich spreche von den Erfahrungen in meiner Praxis mit Jugendlichen und Studenten sowie von den Erfahrungen einer Selbsterfahrungsgruppe mit Schülern. Für ihre Offenheit und Bereitschaft bin ich sehr dankbar. Zwischen 11-18 Jahre beginnen sie ihre Individualität zu entwickeln. Probleme häufen sich, da vieles nicht ernst genommen wird und Kinder und Jugendliche auch nicht gelernt haben, dass alle Gefühle okay sind, dass jedoch jeder selbst der Urheber seiner Gefühle ist und nur durch seinen eigenen Willen diese wieder in Harmonie bringen kann. Dabei braucht jedoch das Kind, der Jugendliche liebevolle Unterstützung von seinen Eltern.

Auch sexuelle Gefühle sind okay, sie brauchen nur angenommen werden. In der Pubertät bis zum Alter von etwa 18 Jahren treten die wesentlichen Konflikte mit den Eltern offen zutage. Die Wünsche der Eltern geraten häufig in Konflikt mit den Wünschen der heranwachsenden Kinder. Eine Mutter die Angst vor Zurückweisung und Kritik hat (Kindheitstrauma, Verletztes Inneres Kind), wünscht sich, dass ihre Tochter ganz besonders anpassungsbereit und überall beliebt ist. Die Tochter lässt sich nicht unterdrücken und lebt ihr eigenes ICH. Sie spiegelt der Mutter diesen Anteil, den die Mutter aus Angst nicht lebt. Die Mutter ist verärgert, gestörte Kommunikation entsteht. Erkennt die Mutter den Spiegel und heilt sie die Angst vor Zurückweisung und Kritik, dann entwickelt sich wieder tiefere Kommunikation mit ihrem Kind, die nicht an der Oberfläche bleibt.

Es kann auch so sein, dass die Tochter ebenfalls Angst vor Zurückweisungen hat und sich aus Sehnsucht nach engem Kontakt einer Gruppe, die raucht, trinkt und mit extravaganter Kleidung und Haartracht auftritt, anschließt. Die Mutter wird wütend, wenn sie dies herausfindet, hat aber Angst vor der Ablehnung ihrer Tochter und es findet keine klare Kommunikation statt. Eltern und Kinder haben häufig ähnliche seelische Tendenzen, die sie aneinander wahrnehmen und im anderen ablehnen. Wir erkennen nicht, dass das, was uns im anderen aggressiv macht, nur unsere eigene

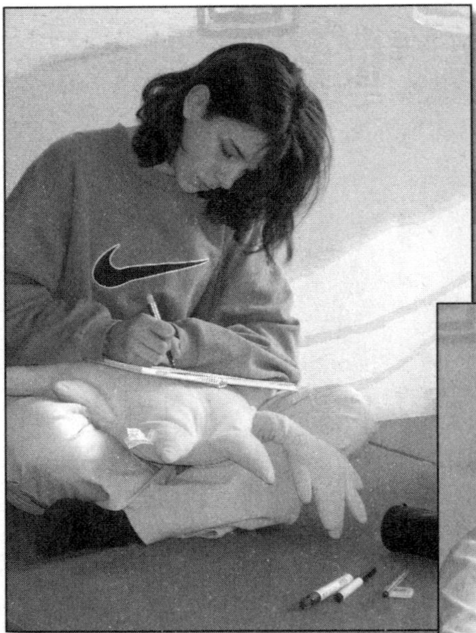

Eine Entladung von Problemen geschieht oft durch eine Niederschrift, z.B. in ein Tagebuch, oder durch eine Zeichnung. Viele Jugendliche können sich danach besser ausdrücken.

Problematik widerspiegelt.[11]
Es wäre eine gute Möglichkeit, diese Probleme mit den heranwachsenden Jugendlichen anzugehen und mit ihnen zu erarbeiten.

Wenn wir das Spiegelbild erkennen, akzeptieren und loslassen geschieht eine gemeinsame Umpolung und Veränderung. Das Familienleben wird lebendiger, echter, liebender, „die Mitglieder" befreien sich gegenseitig von Mustern und Zwängen.
Schulische Probleme lösen sich und die Pubertät hat dadurch nicht mehr den problematischen Stellenwert.

Um jedoch offen bleiben zu können, darf der Jugendliche nicht das Gefühl haben, beurteilt zu werden. Zu lernen, mit den Gefühlen in Kontakt zu kommen und sie einander gegenseitig mitzuteilen, ist ein Aspekt der Offenheit. Wir sollten jedoch auch den Kern des Problems ohne zu urteilen oder zu beurteilen erkennen. Wenn Gefühle und ihre Ursachen der Gefühle unterdrückt oder begraben werden, sind Groll und Auflehnung, sowie innere Verhärtung die Folge. Wenn Eltern vor sich selbst oder im Umgang miteinander ihre Gefühle nicht wirklich zugeben, dann spüren die Kinder diese Unaufrichtigkeit und sie werden dadurch auch nicht genug Vertrauen entwickeln, sich ihrer inneren Welt zu öffnen. Dadurch entstehen die inneren Blockaden der Kinder, Jugendlichen, dadurch wird die Pubertät oft sehr problematisch, dadurch entsteht gestörte Kommunikation, zwischen den Eltern und deren Kindern sowie zwischen dem Lehrer und dem Schüler.

Darüber hinaus möchte ich nochmal betonen, dass junge Menschen, deren Eltern die Emotionale Intelligenz (vgl. Emotionale

11 Deborah Rozmann S 120-121

Intelligenz) - in der Familie beständig leben, ihre Spiegelbilder gemeinsam durchbrechen, im Leben und während der Pubertät besser vorankommen.

„Als Jugendliche werden sie emotionaler, intelligenter sein als andere, werden ihre Gefühle besser verstehen und annehmen können. Sie haben dann schon mehr Erfahrungen gemacht, wie man Probleme allein und gemeinsam mit anderen lösen kann. Das wird ihren schulischen Erfolg fördern wie auch ein gutes Verhältnis zu Gleichaltrigen. Sie sind auch hinsichtlich der Risiken wie Drogen, Alkohol, Straftaten, Gewalt und ungeschützte Sexualität viel weniger gefährdet."[12]

Es ist nicht sinnvoll, die Probleme, die sie selbst mit ihrem Kind haben auf den Lehrer zu projizieren. Lehrer und Direktoren können nicht das aufholen, was sie in der Erziehung bei ihrem Kind versäumt haben und nicht erkennen wollen (Spiegelbilder). Lehrer können nur in einer geringen Dosis erzieherisch wirken, da sie vor allem Englisch oder Mathematik, also Fachwissen in dem „System Schule" zu vermitteln haben. Außerdem muss ein Lehrer 25 bis 30 Schüler pro Stunde unterrichten, was keine Zeit lässt, sich mit einzelnen intensiv auseinander zu setzten.

Die Hauptverantwortung der Erziehung liegt im Elternhaus und nicht in der Schule. Die Gesellschaft wälzt die Verantwortung ab um wirtschaftlich weiterhin einen großen Erfolg erzielen zu können.

Wir Lehrer brauchen uns für das Doppelverdienersystem nicht verantwortlich fühlen. Die Lehrer in unserer Zeit sind nicht mehr bereit, ein Helfersyndrom für die Gesellschaft zu leben, damit den

12 1997 Gottmann S 29

Eltern die Eigenverantwortung abgenommen wird und die Politiker wieder ihre Stimmen erhalten. Es ist auch nicht fair, dass beständig diskutiert wird, dass die Lehrer zu wenig arbeiten. Ich kam oft auf 60 Stunden pro Woche, wenn ich vier Hefteklassen hatte und Projekte leitete. Es ist ein großer Unterschied, ob ich in einem Büro einen Brief schreibe oder ob ich 30 unterschiedliche Jugendliche zu unterrichten habe. Auch da spreche ich aus eigener Erfahrung.

Dass Lehrer oft gerade dann viel arbeiten, wenn ihre Schüler dies nicht tun, beziehungsweise, dass großer Einsatz des Lehrers nicht immer den schulischen Erfolg der Schüler nach sich zieht, mag auch folgendes Beispiel einer befreundeten Kollegin erläutern:

Obwohl die Kollegin, die in einer achten Klasse unterrichtete, sich während des gesamten Schuljahres bemühte, die Schüler gewissenhaft auf die schriftliche Matura vorzubereiten, konnten diese fünf Schüler nicht positiv bestehen. Dass es bei entsprechendem Lerneifer hätte klappen können, zeigt sich daran, dass es auch fünf sehr gute und fünf gute Leistungen gab. Die fünf negativ beurteilten Schüler mussten nun mündlich maturieren. Von zwei Schülern, die das Fach freiwillig zur mündlichen Matura gewählt hatten, erweiterte sich so der Kreis der Maturanten auf insgesamt sieben Schüler. Während eines verlängerten Pfingstwochenendes arbeitete die besagte Kollegin nun die Fragen für die Prüfungen aus. Sie saß an diesem Wochenende insgesamt 28 Stunden bei ihren schulischen Arbeiten. Nachdem sie die Prüfungsarbeiten hatte, bemühte sie sich, für jeden Schüler mindestens drei Aufgaben zu suchen, die ihn gezielt üben ließen. Sie rechnete alles gewissenhaft durch,. damit keine der Aufgaben zu schwer, keine zu leicht wäre. Dann tippte sie die Aufgabenstellungen mit dem Computer. Da sie

vor der mündlichen Matura noch zwei Schularbeiten hatte, die auch korrigiert werden mussten, erklärte sie sich bereit, an ihrem freien Tag in die Schule zu fahren, um die durchgerechneten Übungen zu holen und für die Schüler - als Service - zu korrigieren.
Fazit: Ein einziger Schüler gab die ausgegebenen Übungsbeispiele durchgerechnet ab!

Eine Schuldverschiebung führt zu keiner Lösung. Seien Sie mutig und ehrlich zu sich selbst, das macht Sie zu einem Menschen.

Ich wünsche mir jedoch für unsere Kinder, Eltern und Lehrer, dass ein Unterrichtsgegenstand mit der Thematik: „Das ABC der emotionalen Intelligenz" eingeführt wird.
Dieser Gegenstand könnte uns allen (Lehrer, Schüler, Eltern, Direktoren) helfen und uns unterstützen, besser mit unseren Gefühlen umzugehen, Konflikte kreativ zu lösen sowie Schuldverschiebungen, Projektionen zu vermeiden (vgl. Fallbeispiele). Dadurch wird auch das Miteinanderreden, das Reflektieren, das gemeinsame Erkennen und die Enthaltung von Tratsch gefördert. Es wäre wünschenswert, wenn auch in der Lehrerausbildung die emotionale Intelligenz zur üblichen Bildung gehörte (Selbsterkenntnis, Empathie, die Künste des Zuhörens, kreative Konfliktlösung etc.).

Ein neuer pädagogischer Mut ist gefragt, der sich neben dem Fördern und Fordern auch auf das Fühlen einlässt.

Kinder lernen das, was sie erleben.[13]

Wenn ein Kind nur Kritik erlebt,
lernt es zu verurteilen.
Wenn ein Kind nur Feindseligkeit erlebt,
lernt es, aggressiv zu sein.
Wenn ein Kind nur Spott erlebt,
lernt es, schüchtern zu sein.
Wenn ein Kind nur Schmach erlebt,
lernt es, sich schuldig zu fühlen.
Wenn ein Kind Toleranz erlebt,
lernt es, geduldig zu sein.
Wenn ein Kind Hoffnung erlebt,
lernt es, zuversichtlich zu sein.
Wenn ein Kind Güte erlebt,
lernt es, gerecht zu sein.
Wenn ein Kind Hilfsbereitschaft erlebt,
lernt es, Vertrauen zu haben.
Wenn ein Kind Bestätigung erlebt,
lernt es, mutig zu sein.
Wenn ein Kind Geborgenheit und
Freundschaft erlebt,
lernt es, in der Welt die Liebe zu finden.

Doretj Law Nolte

---

13 Dieses Gedanken finden Sie in Elisabetta Furlans Buch „Komm wir spielen Yoga“, S 138

Was sind Emotionen, Gefühle?

Das Oxford English Dictionary, das es ganz genau nimmt, definiert „Emotionen" als „eine Beunruhigung oder Störung der Seele, Gefühl, Leidenschaft; ein heftiger oder erregter Gemütszustand".

Für mein Verständnis sind Emotionen Reaktionen des Organismus auf äußere Ereignisse, körperliche Veränderungen oder Erinnerungen, die durch urteilende Gedanken, Reaktionsmuster, Ausdrucksformen oder Verhaltenstendenzen gekennzeichnet sind.

Es gibt Hunderte von Emotionen mitsamt ihren Mischungen, Variationen, Mutationen und Nuancen. Im Grunde gibt es so viele Verästelungen der Emotion, dass uns die Worte dafür fehlen.

Einige bekannte Vertreter der Emotionen:

Zorn (unbefriedigte Liebe),
Empörung, Wut, Ärger, Groll, Aufgebrachtheit, Entrüstung, Verärgerung, Verbitterung, Verletztheit, Verdrossenheit, Reizbarkeit, Feindseligkeit und im Extremfall vielleicht krankhafter Hass und Gewalttätigkeit.

Trauer (ich verliere etwas)
Leid, Kummer, Freudlosigkeit, Trübsal, Melancholie, Selbstmitleid, Einsamkeit, Niedergeschlagenheit, Verzweiflung und, falls pathologisch, schwere Depression.

Furcht

Angst, Furchtsamkeit, Nervosität, Besorgnis, Bestürzung, Bangigkeit, Zaghaftigkeit, Bedenklichkeit, Gereiztheit, Grauen,

Entsetzen, Schrecken; als psychologische Erscheinung: Phobie und Panik.

Freude

Glück, Vergnügen, Behagen, Zufriedenheit, Seligkeit, Entzücken, Erheiterung, Fröhlichkeit, Stolz, Sinneslust, Erregung, Verzückung, Ekstase.

Liebe

Akzeptanz, Freundlichkeit, Vertrauen, Güte, Hingabe.

Überraschung

Schock, Erstaunen, Verblüffung, Verwunderung.

Ekel

Verachtung, Geringschätzung, Verschmähen, Widerwille, Abneigung, Überdruss

Scham

Schuld, Verlegenheit, Kränkung, Reue, Demütigung, Bedauern, Zerknirschung.[14]

---

14 1996 Golemann S 363-364

Aggressivität

Wie kann es zu Aggressionen kommen?

Z.B.: Durch Ärger, Schmerz, Verletzung, lieblose Entwicklung, schwere Geburt, Anspannung, unausgesprochene Spannungen in meiner Umgebung, mich selbst nicht ausdrücken können, meine Gefühle, Bedürfnisse unterdrücken um „geliebt" zu werden, Wünsche nach Zuwendung, Liebe, nicht gesehen und verstanden werden, Opferrolle, Angst zurückgestoßen zu werden, Eifersucht, Überforderung, Missbrauch, zuviel Fernsehen, Horrorfilme, Computerspiele, aggressive Spiele (z.B. Soldaten, Spielpistole...) etc.

Formen massiver Aggressionen[15]

Massive Aggressionsformen lassen sich qualitativ unterscheiden:

a) *Fremdaggression* als aggressives Verhalten gegen andere Personen
b) *Sachaggressionen* als Zerstörung oder Beschädigung von Objekten
c) *Aggression,* die die Nahrungsaufnahme und Ausscheidung betreffen
d) *Autoaggressionen* sind Verhaltensweisen, die sich gegen den eigene Körper richten (Aggression als schädigende Selbststimulation).

[15] Heinrich S 19

Gesammelte Darstellung der Aggressionsformen.[16]

ad a) ***Fremdaggressionen*:**

Körperliche Attacken gegen andere Personen, wie Bespucken, Schlagen (Ohrfeigen- Boxen); an den Haaren ziehen, sich in die Haare verkrallen, an der Wäsche reißen; andere kratzen; würgen oder heftig rütteln; Umstoßen oder Herunterstoßen (vom Stuhl, von der Treppe); Treten; Hand oder Finger umdrehen, bzw. umknicken; anderen den Finger in den Hals stecken, mit dem Kopf schlagen, andere beißen; körperliche Kämpfe; Brillen oder Schmuck abreißen; anderen Kleidung zerreißen usw.

Aggressionen mit Gegenständen gegen andere Personen: Bewerfen (mit Steinen, Möbeln, Spielzeug); Schlagen (mit Gürtel, Stock, Spielzeug); mit Gegenständen bedrohen; extremen Krach machen (bis hin zu lang anhaltendem, fortwährenden Türenknallen, lautem Schlagen) usw.

Aggressionen gegen andere, die eigene Stimme benutzend (wobei beim Großteil des beschriebenen Klientels Sprach- und oft Sprechfähigkeit fehlt): Schadenfreude äußern; andere necken, hänseln, nachäffen; Schimpfwörter benutzen; Schreien; Heulen; Jaulen; Brummen.

ad b) ***Aggressionen gegen Objekte:***

Bei Tisch Besteck, Geschirr werfen; zerstörendes Werfen von Gegenständen (Blumentöpfe); Herunterreißen (Bilder, Gardinen, Tapeten); Treten gegen Möbel und Türen, Umstoßen oder Umwerfen von Möbeln und Türen, Eintreten, Einwerfen und Einschlagen von Türen oder Fenstern; Zerreißen von Kleidung oder Bettwäsche usw.

---

16 1993 Heinrich S 20-21

ad c) ***Provozierende, zielgerichtete Handlungsweisen, die Nahrungsaufnahme und Ausscheidung betreffend:*** Gefüllte Kannen, Gläser, Teller um- oder ausschütten; gezielt in Gefäße hineinpatschen; um Essen kämpfen; Nahrungsmittel stehlen, Wiederkäuen und Essen-Hochholen; Situationsbezogenes Erbrechen; Essen verweigern; Situationsbezogenes Einnässen; in Zimmer und auf Möbel urinieren; Situationsbezogenes Einkoten oder in Zimmer und Möbel koten; Kot-Schmieren usw.

ad d) ***Autoaggressionen:*** Augendrücken (bis zum Verlust des Augenlichtes); Ohrbohren; Ohrreißen: Haare (aus-) reißen (büschelweise); Zerkratzen von Gesicht, Armen und Händen; Verletzungen aufkratzen; Finger in die eigene Wange drücken (bis zu offenen Wunden); sich in Hand/Finger beißen; Zungenbeißen; Hand oder Faust gegen den Kopf schlagen; Hand/Faust gegen Körper oder Beine schlagen; Kopf gegen Boden, Kanten, Wände schlagen; sich mit Messer/Scherben schneiden oder stechen (bis hin zu Verletzungen); Gegenstände gegen den Kopf schlagen; Gegenstände gegen den Körper schlagen; usw.

Nach meiner therapeutischen Erfahrung sind die Gründe dieser auftretenden Aggressionen sehr unterschiedlich. Die Ursache ist individuell, kann jedoch durch therapeutische Techniken behoben werden, wenn der Betreffende wirklich bereit ist. Nach Dr.med. Dr.phil. Stan Grof und meiner eigenen Selbsterfahrung, besteht kein Zweifel, dass Traumata und Frustrationen in der Kindheit wichtige Ursachen von Aggressionen darstellen.

„Früher oder später fördert die systematische innere Tiefenarbeit weitere wesentliche Wurzeln menschlicher Gewalt, die im

Trauma der menschlichen Geburt liegen, zu Tage. Die Lebensgefahr, die Schmerzen und die Atemnot, die wir während unserer Geburt viele Stunden lang mitmachen, erzeugen ein enormes Potential an Angst und mörderischer Aggression, das in unserer Psyche und unserem Körper gespeichert bleibt. Dieses Reservoir fundamentaler Skepsis und Feindseligkeit gegenüber der Welt macht einen bedeutenden Teil der dunklen Seite der menschlichen Persönlichkeit aus, die C.G. Jung den Schatten nannte."[17]

„Nie wieder in unserem Leben sind wir aber so total abhängig und hilflos der Umwelt ausgeliefert wie in den ersten Lebenswochen. Nie wieder haben wir zugleich so viele neue Anpassungen zu vollziehen, und nie wieder ist unsere Unfähigkeit, unsere Bedürfnisse und Nöte auszudrücken, uns jemanden verständlich zu machen, uns zu wehren, so groß wie in dieser Zeit. Daher werden Not- und Mangelerlebnisse hier als unser ganzes Dasein bedrohend erlebt. Dieses völlige Ausgeliefertsein, unsere hilflose und wehrlose Abhängigkeit, unsere Ungeborgenheit und das Überfremdetwerden unseres Eigenwesens durch die Umwelt sind daher die Grundlage unserer tiefsten und frühesten Angst, die auch Existenzangst genannt wird. Es hängt nun entscheidend von unserer frühen Umwelt ab, ob wir gegen diese Existenzangst im allmählich sich entwickelnden Vertrauen die erste Gegenkraft finden können. Dafür müssen wir die Verlässlichkeit, die Stabilität und die regelmäßige Wiederkehr von Menschen und Dingen erleben, durch die sie langsam vertraut werden. Vertrautwerden mit Menschen und mit der Welt ist die Basis des Vertrauens, und Vertrauenkönnen ist der wichtigste Schutz gegen die Existenzangst. Auch unsere Angst vor Schuld und Strafe, die Gewissens-

[17] 1997 Dr. Grof S 274

angst, ist nun in der Intensität wieder entscheidend abhängig davon, wie wir sie als Kinder erlebten. Starre, prinzipielle und autoritäre Verhaltensweisen der Eltern, harte Strafen und schwer zu erringende Verzeihung schaffen im Kind eine Schuldgefühlsbereitschaft und Strafangst, die ihm Mut zum Wagnis und zu selbstverantwortlichen Entscheidungen völlig nehmen können. Anstatt zu vernünftiger Selbstregulation und Selbsterkenntnis, kommt es dann zur Überanpassung bis zur Gefügigkeit und Rückgradlosigkeit. Statt frei zu wählen und sich zu entscheiden, lehnt man sich immer nur an die gegebenen Normen an, tut ungeprüft, unreflektiert auf Wert oder Unwert, nur, was ‚man' tut, um nicht von der Norm abzuweichen und in den Konflikt zu kommen, eine eigene Entscheidung treffen zu müssen. Jedes Abweichen von dem, was der Mensch als ‚richtig' gelernt hat, löst bei ihm Angst aus, zumindest Unsicherheit. Deshalb wäre es ihm am liebsten, wenn in der Welt alles beim alten bliebe, damit er nicht vor neue Situationen gestellt wird, für die er kein Rezept gelernt hat und in denen er daher in eigener Verantwortung eine Entscheidung treffen muss. Zur Vermeidung von Gewissenskonflikten und Schuldgefühlen und aus seiner Strafangst bleibt er unreflektiert in der Angepasstheit stecken, hält starr am Gelernten fest und lässt die vorgefundenen Normen für sich entscheiden - Dankbares Objekt für alle Machthaber, die in ihm ein immer gefügiges Werkzeug finden. „Ein Erzogener, Funktionierender ohne Lebendigkeit, Menschenwürde, Spontaneität und Selbstbestimmung. Er ist konflikunfähig und vermeidet jede kreative menschliche Konfliktlösung." Er entwickelt dann eine erhebliche Intoleranz gegen jeden, der in irgendeiner Weise von den Normen abweicht, denn das konstelliert bei ihm sofort Angst, er könne vielleicht auch

einmal von seinen Prinzipien abweichen und damit seinen Angstschutz verlieren. Die Hilfe gegen die Angst des zwanghaften Menschen liegt im Wagnis selbstverantwortlicher Entscheidung, die nichts ungeprüft übernimmt, nur weil man es so gelernt hat.“[18]
Ich möchte hier nochmals darauf hinweisen, dass Aggressionen und Ängste gegenüber einem Lehrer immer mit meiner eigenen inneren unaufgearbeiteten Geschichte (Traumata) zu tun haben und nichts mit dem Lehrer. Mein Mathematikprofessor spiegelte mir meinen Vater wider. Ich war auf diesen Professor oft aggressiv und schimpfte über ihn. Ab dem Zeitpunkt, wo ich dieses Spiegelbild erkannte, diesen Schattenanteil in Harmonie brachte, war der Professor für mich okay. Ich hatte zuvor auch meine Misserfolge auf ihn projiziert. Durch meine schwere Geburt kreierte ich mir starke Ängste und Unsicherheiten und hatte dadurch oft starke Blockierungen bei bestimmten Prüfungen. Die Ursache war nicht der Herr Professor, sondern mein Geburtstrauma. Mittlerweile bin ich ein begehrter Nachhilfelehrer für Mathematik.

Angst

Angst macht unfrei, Angst lähmt, Angst macht mutlos, Angst macht krank, Angst macht untauglich - stellen Sie sich ihrern Ängsten, es lohnt sich.
Ich spreche aus meiner eigenen Erfahrung. Sie können ihre Angst schrittweise auflösen, wenn Sie dazu bereit sind. Ihr innerer Heiler wartet nur auf ihre Bereitschaft. Die Liebe in uns vermag alle Ängste und Wunden zu heilen.
Nicht alle Ängste im Alltag bedürfen eines Therapeuten. Oft reicht

[18] 1974 Schultz S 58, 63, 64

es, sich den Ängsten zu stellen, tief ein - und auszuatmen und in Hingabe an die Situation mutig hindurch zu gehen.
Auch das weiß ich aus eigener Erfahrung.

Gewalt

Wie kann es zu Gewalt kommen?

Einsatz von Gewalt ist häufig ein Zeichen von Isolation, von mangelnder Verwurzelung, z.B. in einer intakten Familie. Einsatz von Gewalt signalisiert häufig Desorientierung, „schreit" auch häufig nach Anschluss und Anerkennung. Es ist nicht zu unterschätzen, dass Gewalt einen Zusammenhang mit Horrorfilmen und Computerspielen hat. Nicht wenige Video - und Computerspiele, Gewalt - und Horrorfilme haben ein sehr einfach nachzuvollziehendes Schema: Es geht fast immer um den Konflikt. Dieser Konflikt ist leicht durchschaubar, ohne Nuancen und Differenzierungen. Die Konflikte lassen sich (scheinbar) nur mit Gewalt lösen. Alternativen werden nicht angeboten. Es überlebt immer der Harte, Grausame, Kaltblütige, Aggressive und Erbarmungslose. Mitleid, Trauer und Verständnis gibt es nicht.[19]
Beschäftigt sich ein Kind beständig mit Horror-, Gewaltfilmen oder Computerspielen, die ausschließlich Gewalt darstellen, und erhält das Kind danach keine positive, emotionale Aufarbeitung mit den Eltern, dann wird es Gewalt ausüben. Auch in diesem Fall ist der Lehrer nicht schuld, wenn Schüler im Klassenzimmer oder vor dem Schulhaus Gewalt ausüben.

---

19 Gratzer S 84, 95

Diebstähle

Mögliche Gründe für Diebstähle bei Kindern und Jugendlichen

Sie sind als Ersatzbefriedigung für fehlende Liebe, Zuwendung, Anerkennung und gute Leistungen in der Schule zu sehen. Häufig wird mit gestohlenen Gegenständen „angegeben", oder es wird die Freundschaft der Kameraden „erkauft". Oft gehört auch ein Diebstahl als Mutprobe dazu, um in der Gruppe aufgenommen zu werden.

Diebstähle erfolgen auch aus unbewusstem Strafzwang. Sie werden so arrangiert, dass die Strafe nicht ausbleibt. Durch die Strafe kann das Kind die Schuldgefühle aus anderen verbotenen Handlungen, die unentdeckt geblieben sind, bewältigen.

Als Lehrer und Therapeut hatte ich immer viel Mitgefühl mit jenem Schüler, der nach einem Diebstahl aggressiv niedergemacht und bestraft wurde. Dem Schüler wurde in seiner gefangenen inneren emotionalen Welt keine Hilfe angeboten, wie er sich davon befreien könnte. Statt Liebe, Verständnis erhielt er wieder Ablehnung und Aggression.

Die zuständigen Stellen im System Schule sollten sich überlegen, ob es nicht zum Wohl unserer Gesellschaft sinnvoller wäre, diesen Schülern und Jugendlichen einen außenstehenden Therapeuten zur Verfügung zu stellen, wobei die Eltern je nach Einkommen gestaffelte Kosten übernehmen und den Rest übernimmt der Staat.

Durch Liebe und Verständnis überwinden wir alles, aber nicht durch Strafe, Gewalt und Aggression.

Wie kann ich positiv mit Ärger, Wut, Zorn und Aggression umgehen?

„Gefühle an sich" sind weder gut noch schlecht, sondern alleine die Art und Weise ihres Einsatzes bestimmt, ob die daraus entspringende Handlung gut oder schlecht ist. Nicht die Gefühle des Hasses, des Zorns, der Abscheu, der Trauer, des Glücks und andere Leidenschaften machen uns zu glücklichen oder unglücklichen Menschen, sondern erst die Fähigkeit, sie nicht ungefiltert unsere Handlungen bestimmen zu lassen."[20]

Aggressionen treten in verschiedenen Formen auf. All diese Formen (und Verhaltensweisen) der Aggression haben eines gemeinsam: Sie stellen den Versuch dar, uns und unsere Umgebung einschließlich der Menschen in unserer Nähe zu kontrollieren, zu beeinflussen und zu beherrschen.

Henri Parens beschränkt sich auf zwei Hauptformen:

1) Die nicht destruktive Aggression, die wir bei zielgerichteten Verhaltensweisen sehen können, die ohne Feindseligkeit sind und bei denen es darum geht, sich zu behaupten, zu schützen und bestimmte Fähigkeiten zu entwickeln. Die nicht destruktive Aggression ist das Produkt eines angeborenen Systems und dient der Anpassung und der Umsetzung unserer Wünsche und Ziele. Sie ist die treibende und erhaltende Kraft für unsere Selbstbestimmung.
2) Die zweite Form ist die feindselige Destruktivität, die sich in wütenden, unangenehmen und verletzenden Verhaltensweisen

20 1998 H. Kasper S 170

Kinder und Jugendliche bauen ihre Aggressionen durch einen individuellen Tanz ab. Die Aggressionen werden ohne Schuldverschiebung reflektiert und in Eigenverantwortung abgebaut.

äußert: Hass, Eifersucht, Wutausbrüchen, Einschüchterungsversuchen, Quälereien, Schikanen, Rachsucht, missbrauchter Macht, Verleumdungen, hinterrücks Bereden ohne faire gemeinsame Konfrontation, böser Tratsch, Intrigen, Gerüchte verbreiten, die Arbeit falsch beurteilen (soziale Manipulation) und ähnlichem mehr. Auch wenn feindselige Destruktivität dem Selbstschutz dient, erzeugt sie für Menschen viele individuelle und kollektive Probleme und Leiden.

Bei Kindern ist der Auslöser feindseliger Verhaltensweisen meist extremer Schmerz und extremer Kummer. Kinder und Jugendliche verlagern meist ihre Wut und Aggression auf einen anderen Menschen, wenn sie nicht lernen, dass alle Gefühle okay sind, aber sie selbst der Urheber ihrer Gefühle sind.

So wurde zum Beispiel Folgendes bei einem zweijährigen Mädchen beobachtet, das auf seine Mutter wütend war:

„Sie setzte an, einen Holzklotz nach ihrer Mutter zu werfen, drehte sich aber statt dessen leicht zur Seite und warf den Klotz einer Frau ans Bein, die neben der Mutter saß. Sie hatte die negativen Gefühle, die sie ihrer Mutter entgegenbrachte sowie den feindseligen Impuls, der daraus erwuchs, von der Mutter, die ihr lieb war, auf einen anderen Menschen verlagert, den anzugreifen ihr nicht so bedrohlich schien.“[21]

Das heißt, dass Ereignisse vorausgehen, die von einem extremen Schmerz begleitet sind, der in der Psyche gespeichert wird und nicht integriert bzw. verarbeitet wird. Die aggressiven Empfindungen werden vom Kind, Erwachsenen und Jugendlichen dann später in Situationen ausagiert, denen sich das Kind, der Erwachsene und der Jugendliche besser gewachsen fühlen. Es wird auf einen anderen Menschen verlagert, der mit dem extremen

---

21 1995 H. Parnes S 96-114

Schmerz oder Verletzung überhaupt nichts zu tun hat. Diese Verlagerung kann enorme emotionale Konflikte sowie extreme Schuldgefühle hervorrufen. Sie hat verheerende Folgen für zwischenmenschliche Beziehungen. In extremer Form kann diese Wut bzw. Aggression die Vernichtung eines oder mehrerer Menschen sowie die eigene Selbstzerstörung zur Folge haben. Jeder Jugendliche ist fähig, die Intensität der feindseligen Gefühle, die bestimmte Lebensumstände in ihm auslösen, zu mildern und abzuschwächen, wenn er seine Gefühle ohne Bewertung annehmen und verstehen lernt.

Eine hinreichende positive Bindung zur Mutter und/oder zum Vater ist Voraussetzung dafür, dass ein Kind diese Fähigkeit entwickeln kann, indem die Emotionale Intelligenz echt vorgelebt wird. Ein liebevolles und grundsätzlich positives emotionales Verhältnis zu den Eltern hilft dem Kind, mit seiner Feindseligkeit besser umgehen zu können. Das erspart ihm sehr viel Schmerz und es lernt, für sein Wohlergehen zu sorgen. Eine gute emotionale Beziehung zum Kind hat weitreichende Folgen, nicht nur in Bezug auf die Aggression, sondern für sämtliche Bereiche des emotionalen Lebens.

Viele wohlmeinende Eltern, Erzieher und Lehrer missbilligen sämtliche Anzeichen von Ärger bei ihren Kindern und Schülern. Ganz zu schweigen von Feindseligkeit, Hass und Aggression, vor allem wenn diese Gefühle gegen Eltern, Lehrer und Erzieher gerichtet sind. Wenn ein zweijähriges Kind zu seiner Mutter sagt „Ich hasse dich!", antwortet so manche Mutter: „Ich weiß, dass du das nicht so meinst!"

Tatsächlich meint das Kind aber genau das, was es sagt. Diese mütterliche Reaktion ist in mehrfacher Hinsicht problematisch. Das

Kind hat den Eindruck, dass es die Gefühle, die es empfindet, nicht haben sollte. Das Kind bekommt zu hören, dass es seine Gefühle verbergen sollte. Nach außen hin gibt es der Mutter Recht, innerlich fühlt es sich aber wie ein kleines Ungeheuer, weil es sehr wohl weiß, dass es Hass empfindet. Das Kind wird verunsichert in seiner richtigen Einschätzung dessen, was es erlebt, und das kann zur Verwirrung führen. Vielleicht glaubt es schließlich, dass die Gefühle, die es erfährt, nicht akzeptabel sind, und es macht sich zur Aufgabe, diese zu verbergen - was unter solchen Umständen keine gute Form der Verarbeitung ist.[22]

Wie diese Situation in einer gesunden emotionalen Erziehung aufgelöst werden kann, soll mein folgendes Erlebnis mit dem fünfjährigen Sohn meiner Freundin, Petra, verdeutlichen:

Stephan: „Hildegard! Wen soll ich mehr lieb haben? Die Mama oder dich?"

Ich: „Die Mutti hat dich schon im Bauch getragen und sie betreut dich immer liebevoll. So nehme ich an, dass die Liebe zu deiner Mutter größer ist."

Reflektierend stellte ich fest, dass meine Antwort ihn eigentlich ermuntert, Liebe in ihrer Intensität zu reihen. Aus der spirituellen Sichtweise ist es mir jedoch klar, dass die echte Liebe weder stärker noch schwächer sein kann. Nach der Reflexion würde ich nun wie folgt antworten: „Ich glaube, dass man das Liebhaben manchmal verschieden stark spürt. Und das ist völlig in Ordnung und darf auch wieder wechseln!" Am nächsten Tag, das Thema beschäftigte Stephan sichtlich stark, erzählte er seiner Mutter, wie

22 1995 H. Parnes S 96/114

sehr er sie liebe.
Dann sagte er vorsichtig: „Du, Mama! Manchmal hab ich dich gar nicht lieb!"
Seine Mutter antwortete: „Weißt du, manchmal ist das völlig in Ordnung. Manchmal bin ich selbst einfach auch grantig und dann kann ich gut verstehen, dass es dir so geht!"
Bestärkt durch diese nicht urteilende Antwort wagte er noch ein Eingeständnis:
„Du, Mama! Manchmal hab ich mir sogar schon eine andere Mama gewünscht!"
Obwohl Petra kurz schluckte, antwortete sie:
„Ich glaube, auch das ist in Ordnung. Manchmal ist uns das allen so gegangen."
Darauf gab er der Mutter freudestrahlend einen spontanen Kuss.

Bei Stephan ist wahrzunehmen, dass er sehr gut mit Emotionen umgehen kann, da er sie beständig wertfrei in seinem Umfeld erleben und ausdrücken darf. Sein Strahlen nach diesem Gespräch zeigt, wie beglückend und befreiend es für ihn war, zu erfahren, dass all seine Gefühle und Gedanken in Ordnung sind. So musste er sich nicht als Ungeheuer empfinden (vgl. Emotionale Intelligenz).

Es ist noch eine weitere Konsequenz zu nennen, wenn Eltern dem Kind nicht erlauben, sie zu hassen, auf sie aggressiv oder verärgert zu sein. Dies tritt dann ein, wenn die Eltern für sich selbst diese Gefühle nicht annehmen und ohne Bewertung akzeptieren. Kinder selbst stempeln dann Gefühle wie Ärger, Aggression oder Hass als „schlecht" ab. Kinder sind die ersten, die sich als „böse" bezeichnen, wenn sie Feindseligkeit für die Menschen empfinden, die sie lieben. Das ist deswegen der Fall, weil feindselige Gefühle für geliebte Personen in uns eine tiefgehende Missbilligung auslösen, die oft zu Selbstanklagen und Selbsthass führt, was wir als Schuldgefühle kennen. Ein Kind braucht Gelegenheit, diese ambivalenten Gefühle, die Schuld erzeugen, aufzulösen, denn sonst können sie schwere Folgen nach sich ziehen. Es ist wichtig zu wissen, dass mangelhaft verarbeitete Gefühle von Feindseligkeit, die geliebten Menschen gelten, alle möglichen Störungen und Leiden hervorrufen, wie dies zum Beispiel auch durch Lernstörungen und langfristige Schulprobleme ausgedrückt wird. Solche Gefühle können erst dann verarbeitet werden, wenn sie richtig erkannt und angemessen zum Ausdruck gebracht, sowie entladen worden sind und wir uns verständnisvoll mit ihnen auseinandersetzen.

Wenn wir dem Kind und Jugendlichen deutlich machen, dass sein Ärger und seine Aggression auf einer Verletzung statt auf einem „bösen" Kern beruht, hat unser Austausch mit ihm auf seine Selbstwahrnehmung, sein Wohlbefinden, sein Bild von seinen Eltern und damit letzten Endes auch von anderen Menschen sehr wohltuende Folgen. Die Erfahrung des Kindes verläuft dann ihm Rahmen einer positiv gestalteten, menschlichen Verbundenheit.

Dr. Parens beobachtete mit seinem Team, wie ein sechzehn Monate altes Kind gegen einen Stuhl gestoßen war, weil es nicht darauf geachtet hatte, wo es hin lief. Wenn das Kind darüber aufgebracht ist, könnte die Mutter sagen: „Böser Stuhl." Aber diese Art von Problembewältigung bringt Schwierigkeiten mit sich. Der Stuhl ist mit Sicherheit nicht auf das Kind zugegangen und hat ihm etwas angetan. Das Unglück geschah vielmehr, weil das Kind nicht

auf seinen Weg geachtet hatte. Es ist besser, dem Kind ein Gespür dafür zu vermitteln, dass es Dinge in Bewegung bringen kann und für sein eigenes *Handeln verantwortlich* ist.
„Sei vorsichtig!", ist viel nützlicher, als zu sagen: „Böser Stuhl!"

*Das ist ein wichtiger Aspekt: Wenn wir einen unschuldigen Gegenstand oder Menschen beschimpfen, fördern wir den Mechanismus der Verschiebung (**Schuldverschiebung**). Diese Verschiebung ist ein Selbstschutzmechanismus.*

Das heißt: Um die Feindseligkeit auf einen geliebten Menschen loszuwerden, reagiert sich der Betreffende an einer weniger wichtigen Person ab. Diese Form, Ärger zu entladen, schafft für uns nicht so tiefgehende Konflikte, da diese Person nicht so wichtig für uns ist wie ein Mensch, den wir lieben (***Sündenbocksyndrom***).[23]
Zum Empfänger unserer Gefühle wird also ein anderer Mensch als der, der unsere Wut und unseren Hass ursprünglich ausgelöst hat, da wir sie auf ihn verschieben. Durch falsche Vorwürfe wird das Kind auch darin bestärkt, der realistischen Auseinandersetzung mit Situationen aus dem Weg zu gehen, was zu Komplikationen in seinem ganzen Leben führt. Das Kind, der Jugendliche wird dadurch zur Konfliktunfähigkeit erzogen. Sie werden kreative, gemeinsame Konfliktlösungen vermeiden.

Wenn wir aber unsere Feindseligkeit in einer positiven und wichtigen Beziehung verbalisieren, verhindern wir, dass sie sich in unserer Psyche anstaut, unsere Persönlichkeit färbt und Projektionen oder Schuldverschiebungen entfallen dadurch automatisch.

[23] eine Bezeichnung für die soziale Rolle, die man einer wehrlosen, unbeteiligten und unschuldigen Person zuschreibt,die man als Ersatzobjekt für eigene Aggressionen auserwählt hat.

[24] 1995 H.Parens S 96-114

Emotionale Intelligenz

nach Daniel Golemann

Eltern, die die Emotionale Intelligenz ihres Kindes fördern, leben folgende Punkte:

- Sie schätzen die negativen Gefühle des Kindes als eine Gelegenheit, Nähe herzustellen.

- Sie können es ertragen, Zeit mit einem traurigen, wütenden oder ängstlichen Kind zu verbringen und werden angesichts seines Zustandes nicht ungeduldig.

- Sie sind sich eigener Gefühle bewusst und schätzen sie, erkennen den Sinn ihrer auftretenden Emotionen.

- Sie sehen den Bereich negativer Emotionen als eine wichtige Erziehungsaufgabe an. Zorn, Hass, Wut und Aggression machen uns nicht zu schlechten Menschen. Erziehungsziel: Wie lernt mein Kind positiv mit Wut etc. umzugehen? Wut ist okay, aber Gemeinheiten sind nicht erlaubt. Durch Aktivitäten werden starke Emotionen abgebaut.
  Zum Beispiel: Im Garten sich austoben dürfen, oder auf einer Trommel, Schlagzeug, Klavier, Aggressionsspiele, tiefer ein - und ausatmen, den Fünfer Atem mit ihren Kind mehrmals wiederholen, Gefühle dabei ausdrücken,

entladen, herausatmen etc.

- Sie achten auf den emotionalen Zustand des Kindes, selbst wenn sich dieser nur andeutungsweise erfassen lässt.

- Sie zeigen sich angesichts der Gefühlsausbrüche des Kindes weder verwirrt noch ängstlich.

- Sie respektieren das kindliche Gefühlsleben.

- Sie machen sich nicht über die negativen Gefühle des Kindes lustig und spielen sie nicht herunter.

- Sie verkünden nicht, wie das Kind sich fühlen sollte.

- Sie sind nicht der Ansicht, sie müssten an Stelle des Kindes alle seine Probleme bereinigen.

- Sie nützen Gefühlsäußerungen des Kindes als Gelegenheit
  - dem Kind zuzuhören,
  - mit tröstenden Worten Zuneigung und Mitgefühl ausdrücken,
  - dem Kind helfen, seine Gefühle zu beschreiben,
  - Hinweise zu vermitteln, wie Gefühle in den Griff zu bekommen sind,
  - Grenzen zu setzen und akzeptable Formen des Gefühlsausdruckes zu vermitteln,
  - Fertigkeiten zur Problemlösung zu vermitteln.

Aggressionsabbau spielerisch.
Tierstimmen, wie das Gebrüll eines Löwen, werden gemeinsam zum Ausdruck gebracht. Dabei wird Energie frei und die Aggressionen können sich entladen.

Mit der Zeit entwickeln dann die Kinder ein deutliches Gespür dafür, dass ihre Eltern sie verstehen, Empathie für sie empfinden und wirklich daran interessiert sind, was in ihrem Leben geschieht. Sie müssen sich nicht aufspielen, um die Aufmerksamkeit ihrer Eltern zu provozieren und verschließen sich ihnen gegenüber nicht, wenn es um Gefühle oder Probleme geht. Die problematische Pubertät hat damit ihre Wirkung verloren, sobald das Kind eine gesunde emotionale Entwicklung erfährt. Mit ihrer gut entwickelten emotionalen Intelligenz sind sie für die Gefahren und Herausforderungen gewappnet, die vor ihnen liegen.[25]

Auswirkungen dieses Erziehungsstils auf die Kinder:
Sie lernen, ihren Gefühlen zu vertrauen, ihre Emotionen in den Griff zu bekommen und Probleme zu lösen. Sie haben ein starkes Selbstwertgefühl, lernen gut und kommen gut mit ihrem Umfeld aus.

Wenn Eltern dazu neigen, die Gefühle ihrer Kinder nicht zu beachten, hat das folgende Auswirkungen:
Ihre Kinder haben Probleme, ihrem eigenen Urteil zu vertrauen. Da sie immer wieder gehört haben, ihre Emotionen seien unangemessen oder wertlos, wachsen sie mit dem Gefühl auf, mit ihrem Innenleben sei grundlegend etwas nicht in Ordnung, eben weil sie diese Emotionen haben. Darunter leidet auch ihr Selbstwertgefühl. Sie haben größere Schwierigkeiten damit, ihre Gefühle in den Griff zu bekommen und ihre Probleme selbst zu lösen. Ihre Konzentra-

25 1997 Gottmann S 90

tionsfähigkeit ist schlechter als die anderer Kinder; sie tun sich schwerer im Lernen und im Umgang mit Altersgenossen.

Sich negativen Gefühlen zu verschließen ist ein Verhaltensmuster, das viele Eltern schon in ihrer eigenen Kindheit erwerben und dadurch unbewusst ihren eigenen Kindern weitergeben, wenn sie nicht ihr Inneres, Verletztes Kind größtenteils in sich geheilt haben.

Elfriede erinnert sich heute noch daran, wie ihre Eltern sich vor fünfzehn Jahren stritten und wie sie und ihre Geschwister sich in verschiedene Zimmer flüchteten, wo sie jeder für sich versuchten, mit der Situation fertig zu werden. Sie durften nie über die Probleme ihrer Eltern oder über ihre eigenen Gefühle sprechen, denn hätten sie dies getan, so hätten sie womöglich die Wut des Vaters noch mehr angestachelt. Jetzt, da Elfriede verheiratet ist und eigene Kinder hat, duckt und versteckt sie sich weiterhin, wenn sich ein Konflikt oder emotionaler Schmerz ankündigt.

Elfriede kann sich Konflikten nicht stellen. Sie findet es sogar schwer, mit ihrer siebenjährigen Tochter über Probleme zu reden, die diese mit einem anderen Mädchen in der Schule hat. Elfriede würde ihrer Tochter gern näher kommen, ihre Probleme anhören und ihr bei der Lösung helfen, doch hat sie in dieser Hinsicht wenig Erfahrung. Elfriede müsste zuerst lernen, ihre eigenen Gefühle zu akzeptieren und zu leben sowie ihr Inneres Verletztes Kind schrittweise heilen, damit sie ihrer Tochter eine echte emotionale Erziehung bieten kann.

Eltern mit einer gut entwickelten emotionalen Intelligenz haben keine Angst vor ihren Kindern Gefühle zu zeigen. Sie können in

der Gegenwart ihrer Kinder weinen, wenn sie traurig sind; sie können die Geduld verlieren und ihren Kindern sagen, warum sie wütend sind. Und weil die Eltern über Emotionen Bescheid wissen und sich zutrauen, ihre Wut, ihre Traurigkeit und ihre Angst konstruktiv auszudrücken, können sie damit meistens als Vorbild für ihre Kinder dienen. Die elterlichen Gefühlsäußerungen vermitteln dem Kind sogar wichtige Informationen, wie man mit Emotionen umgehen kann. Sieht ein Kind beispielsweise, dass seine Eltern erhitzt debattieren und gelingt es ihnen ihre Meinungsverschiedenheit anschließend freundschaftlich aus dem Weg zu räumen, so hat das Kind eine wertvolle Lektion über Konfliktlösung und die bleibende Kraft liebevoller Beziehung gelernt.
Sind Eltern aus irgendeiner Situation heraus angespannt und reden ihr Kind mit einem unfreundlichen Ausdruck an, werden Eltern mit einer gut entwickelnden emotionalen Intelligenz sich für dieses Verhalten beim Kind entschuldigen und ihrem Kind erklären, warum es zu diesem unfreundlichen emotionalen Ausdruck kam. Und schließlich stärkt ein solcher Erziehungsstil die emotionale Bindung zwischen Eltern und Kindern. Sie sehen Mutter und Vater als ihre Vertrauten und Verbündeten.
Erklären die Eltern ihr emotionales Verhalten ihrem Kind nicht, wird sich das Kind möglicherweise schuldig fühlen.[26]

Ein Alltagsbeispiel aus der Praxis

Monika, Mutter eines vierjährigen Sohnes erzählte mir in meiner Praxis, wie sie mit ihrem Sohn David gemeinsam die Emotionale Intelligenz entwickelt:
„Letztes Wochenende waren wir bei den Großeltern, die ca. 150 km entfernt von Krems leben. David vergaß seinen Lieblingsteddybär

---

26 1997 Gottmann, S 66m 78, 87

bei den Großeltern. Beim Schlafengehen entdeckte David, dass er den Teddybär nicht mehr hatte. Er weinte bitterlich und wollte unbedingt sofort auf der Stelle sein Stofftier.

Monika reagierte wie folgt:

„Du möchtest den Teddybär gleich haben."

„Ja".

„Du brauchst den Teddybär zum Schnuppern und Kuscheln, damit du einschlafen kannst und es wäre schön für dich. Ich fände es auch toll, wenn wir deinen Teddybär sofort auf der Stelle holen könnten."

„Wir können aber den Teddybär jetzt nicht holen, weil er woanders ist," fuhr Monika fort.

„Deshalb bist du enttäuscht."

„Ja", sagte er leise.

„Das tut mir wirklich leid", schloss Monika und sah wie sich Davids` Gesicht entspannte. David beklagte sich noch ein paar Mal leise, doch er wurde sichtlich ruhiger. Innerhalb weniger Minuten war er eingeschlafen.

Für Monika war es ein Beweis, wie kraftvoll Empathie gegenüber ihrem Kind wirkt.

Wie wichtig Kuscheltiere für Kinder sind, sehen wir anhand dieses Bildes.

***Merke:** Bei der Emotionalen Intelligenz geht es darum, dass die kindlichen Gefühle zuerst bestätigt werden. (Siehe „Kinder brauchen Emotionale Intelligenz" von John Gottmann)*

Marie: „Ich will morgen nicht in die Schule gehen."

Mutter: „Nein? Sonderbar? Du gehst doch sonst gern zur Schule? Hast du Probleme, in der Schule?"

Marie: „Ja"

Mutter: „Willst du mir dein Problem erzählen?"

Marie: „Ich weiß es nicht."

Mutter: „Du hast ein Problem, aber du bist dir nicht sicher ob du es mir erzählen willst."

Marie: „Ja, dass du in einer traurigen Stimmung bist."

Marie: (beginnt zu weinen) „Ja. Es ist wegen Monika."

Mutter: „Was ist mit Monika in der Schule passiert?"

Marie: „In der Pause hat sie mit mir einfach nichts geredet."

Mutter: „Und das hat dir wehgetan."

Marie: „Ja."

Mutter: „Vielleicht willst du deswegen nicht in die Schule gehen."

Marie: „Jedes Mal wenn ich mit ihr reden wollte, ist sie weggelaufen."

Mutter: „Dass tut mit leid für dich. Mir würde es wirklich wehtun, wenn meine beste Freundin so was mit mir machen würde."

Marie: „Ich hatte so eine Wut. Ich habe in der Toilette geweint."

Mutter. (umarmt die Tochter) „Es tut mir so leid was passiert ist. Du musst wirklich sehr traurig sein, weil sie dich so behandelt hat."

Marie: 1„Bin ich auch. Ich weiß gar nicht, was ich morgen tun soll. Ich will nicht in die Schule gehen."

Mutter: „Weil du nicht willst, dass Monika dir wieder weh tut.

Marie: Ja. und ich spiele ja immer mit ihr in der Pause."

Mutter: „Soll ich dir einen Rat geben?"

Marie: „Ja."

Mutter: „Vielleicht kannst du einfach abwarten und schauen was passiert. Vielleicht ist sie morgen wieder deine Freundin."
Marie: „Und wenn nicht?"

Ermutigen sie ihr Kind immer wieder selbst eine Lösung zu finden während des Gespräches und halten sie sich zurück ihre eigene Vorstellung einzubringen. Fördern sie eigenständiges Denken ihres Kindes. Erzählen sie ihrem Kind wie sie in ihrer Kindheit mit ähnlichen Problemen umgegangen sind. Was haben sie aus dieser Erfahrung gelernt? Welche Fehler haben sie gemacht? Wie haben sie sich gefühlt? Auf welche Entscheidung waren sie stolz?
Natürlich wollen Sie ihren Kindern helfen, gute Entscheidungen zu treffen, aber denken Sie daran, dass auch unsere Kinder aus ihren Fehlern lernen.

Mutter: „Ich weiß nicht recht. Fällt dir vielleicht was ein?"
Marie: „Nein."
Mutter: „Willst du vielleicht mit jemand anders spielen?"
Marie: „Nein."
Mutter: „Du hast doch noch Susanne als Freundin. Mit wem spielt Susanne?"
Marie: „Mit Peter."
Mutter: „Vielleicht fragst du Susanne ob sie mit dir spielt."
Marie: „Vielleicht."
Mutter: „Gut. Das wäre ja was, dass du tun kannst."
Marie: „Okay. Darf ich Susanne anrufen und fragen, ob sie morgen nach der Schule zu uns kommt?"
Mutter: „Das ist eine tolle Idee."

Es gibt jedoch nicht immer Lösungen, jedoch ihr Kind fühlt sich verstanden, wenn sie empathisch über das Problem sprechen und aus ihrem Herzen heraus wirken. Besteht das Gespräch nur aus kopflastigen Lösungen, so hat dieses Gespräch auf ihr Kind keinen positiven, nährenden Einfluss. Es ist ein Versuch ein Haus zu errichten, bevor man ein vernünftiges Fundament geschaffen hat.

Eine Möglichkeit einer natürlichen Problemlösung könnte auch durch eine Phantasiereise geschehen. Eine der wichtigsten Nebenwirkungen der Phantasiereisen ist die Entwicklung eines positiven Selbstbildes, sowie die Lösungen von Problemen werden kreativer.

Ich möchte Ihnen jetzt eine Phantasiereise vorstellen, mit der ich selbst und gemeinsam mit meinen Schülern und Klienten wunderschöne Erfahrungen sammeln durfte.
„Der Freund im Inneren." Aus dem Buch: „Dann trägt mich meine Wolke." von Maureen Murdock Verlag : Bauer S 104

Der Freund im Inneren.
Alter: 7- 17 Jahre

Schließe die Augen und konzentriere dich darauf, wie du durch die Nase einatmest und ausatmest. Atme weiter ohne Unterbrechung, ein und aus. Fühle wie der Atem dich trägt in seiner Beständigkeit und Treue. Stell dir nun vor, dass du in einem ganz dichten Wald bist. Um dich herum sind wunderschöne, grüne Bäume, und du läufst einen Weg entlang, weil du in der Ferne Wasser rauschen hörst. Du kommst an einen kleinen Bach, läufst ans Ufer und betrachtest dein Bild im Wasser. (Pause)

Nach kurzer Zeit spürst du, dass jemand neben dir steht, und du fühlst dich ganz sicher. Du siehst, wie neben deinem Bild im Wasser noch ein weiteres Bild erscheint. Dieses Wesen kann ein alter, weiser Mensch sein, ein Tier oder eine Phantasiegestalt, der dein Verbündeter ist, jemand, den du schon seit langer Zeit kennst und dem du ganz vertrauen kannst. Dein Freund gibt dir ein Zeichen, ihm über eine kleine Brücke, die über den Bach führt, zu folgen. Du gehst ihm nach und steigst einen Hügel hinauf, der zu einer Höhle führt. Dein Freund betritt die Höhle, setzt sich hin und deutet mit den Händen an, dass du ihm folgen sollst. Du betrittst die Höhle und setzt dich ebenfalls hin, und dein Freud beginnt von sich zu erzählen. (Pause)
Vielleicht möchtest du jetzt auch deinem Freund eine Situation erzählen, in der du noch keine Lösung gefunden hast. Frage deinen Inneren Freund um eine Lösung. Dazu hast du jetzt Zeit. Bei der Antwort höre deinem Inneren Freund genau zu. (Pause)
Dein Freund sagt dir, dass du ihn jederzeit aufsuchen kannst. Er wird für dich immer da sein, um dir bei allem, was du auf dem Herzen hast, zu helfen. Du bedankst dich bei deinem Freund, gehst den Weg wieder zurück, läufst über die Brücke und betrachtest dich nochmals im Wasser. Achte darauf, wie du dich fühlst, während du den Weg entlanggehst, aus dem Wald heraus. Du merkst, dass du wieder hier in der Gegenwart bist. Zähle leise von 10 bis 1 und öffne langsam die Augen.

Phantasiereisen können auch aus einer spontanen Phantasie heraus durchgeführt werden. Es klappt wunderbar!

Reaktionen auf die Übung „Der Freund im Inneren"

> Mein Innerer Freund ist mehrmals in den letzten Jahren zu mir gekommen. Er spricht nie zu mir in Worten, aber ich kann seine Gedanken hören. Er gibt mir Ratschläge und sagt mir, was ich tun soll, wenn ich mich verzagt, verzweifelt, traurig fühle. Manchmal beobachte ich, wie er verschiedene Dinge tut und seine Gedanken auf mich überträgt. Er hilft mir meine Gefühle zu verstehen. Er ist ein sehr einfacher Mensch und sieht immer sehr friedlich aus.

Das Rezept zu einer erfolgreichen Erziehung findet sich nicht in der Theorie, festgelegten Regeln und Verhaltensformeln. Eine gute Erziehung beginnt im Herzen und setzt sich von Augenblick zu Augenblick fort, indem wir auf unsere Kinder, Schüler eingehen und durch Empathie ein liebendes Miteinander entwickeln. Konflikte in der Familie, Schule, Arbeitsbereichen wird es immer geben, doch mir geht es darum einen Impuls zu geben, wie wir diese mit Achtung kreativ lösen können.

Manchmal gibt es bestimmt Tage wo Sie genauso gut gegen die Wand reden könnten, da ihr Kind zu diesem Zeitpunkt in seinen eigenen Welt gefangen ist. Vermeiden Sie jedoch übertriebene Kritik, demütigende Kommentare und Spott. Mischen Sie sich nicht unnötig ein und untergraben sie das Selbstvertrauen ihres Kindes nicht. Auf der Suche nach einer eigenen Persönlichkeit

Phantasiereise:
„Mein Innerer Freund"

Nach der Phantasiereise wurde die Erfahrung durch Malen nochmals symbolisch verdichtet. So können die zumeist recht intensiven Erlebnisse weiter verstanden und in das alltägliche Leben integriert werden. Die Zeichnung ist auch die Grundlage, auf der die Erfahrung mit der Gruppe geteilt wird.

richten sich die Kinder nach ihren Eltern und neigen dazu, deren Aussagen zu glauben.

Ich rate ihnen auch, eine Auseinandersetzung über das kindliche Fehlverhalten zurückzustellen, bis die zugrunde liegenden Gefühle ausgesprochen wurden. Um zu diesen verborgenen Emotionen vorzudringen, sollte man den folgenden Fragetyp tunlichst vermeiden: „Warum hast du das getan?"
Diese Frage klingt nach Anschuldigung oder Kritik, weshalb das Kind eher defensiv reagieren wird, als nützliche Auskunft zu geben. Versuchen Sie stattdessen Ihr Kind zu fragen, wie es sich während dieses Vorfalles gefühlt hat.
Vermeiden Sie Etikettierungen, diese zerstören die Empathie. Destruktiv ist dieses Schubladendenken auch deshalb, weil Kinder ihren Eltern leider glauben und versuchen ihren Vorstellungen zu entsprechen. Unreflektierte elterliche Kritik an Kindern hinterlässt oft starke unbewusste destruktive Denkmuster und Verhaltensweisen, die vom Erwachsenen weiter gelebt werden, wenn das Verletzte Kind nicht aufgearbeitet wurde. Natürlich müssen sie bei unangemessenem Benehmen klare Grenzen setzen, aber erst dann, wenn die zugrunde liegenden Gefühle ausgesprochen wurden. Alle Gefühle sind erlaubt, aber nicht jedes Verhalten. (z.B. Spielgefährten schlagen, Spielzeug zerstören, jemand beschimpfen, lügen, jemand quälen etc.)

Wie aber kann dieses negative Schubladendenken der Eltern vermieden werden?
Ganz einfach - indem man eine globale, anhaltende Kritik an den kindlichen Charaktereigenschaften unterlässt.
Statt „Du bist so nachlässig und schlampig"

sagt man „Deine Schulsachen oder Spielsachen sind im ganzen Zimmer verstreut".
Aus „Sei nicht so schüchtern"
wird „Wenn du lauter redest, kann dich der Kellner besser verstehen etc."
(Siehe „Kinder brauchen Emotionale Intelligenz" von John Gottman)

Wie ich schon erwähnte arbeite ich bereits 16 Jahre mit viel Disziplin an mir und ich stellte in Laufe meiner inneren Aufarbeitung fest, dass je klarer ich mit mir selbst werde, desto klarer kann ich aus meinem Herzen heraus Lösungen finden, die keine psychologischen Beratungen, Bücher oder viele Supervisionsstunden benötigen. Viele Bücher waren für mich jedoch wundervolle Impulse, die mich immer wieder einen Schritt weiter gehen ließen. Arbeiten Sie ihr Inneres Verletztes Kind auf und Sie werden mit ihrem Kind automatisch auf natürlicher Weise die Emotionale Intelligenz entwickeln. Es geschieht einfach. Wenn Ihr Herz blockiert ist, können sie ihr Herz nicht einsetzten, um zu fühlen, was ihre Kinder fühlen. Danke für Ihre Bereitschaft!

Impulse zur Selbsthilfe

Das ABC der emotionalen Intelligenz sollte im Lehrplan festgelegt und als Unterrichtsfach angeboten werden.

Zu den unterrichteten Themen sollte die Selbstwahrnehmung gehören, in dem Sinne , dass man seine Gefühle erkennt und ein Vokabular für sie entwickelt und dass man Zusammenhänge zwischen Gedanken, Gefühlen und Reaktionen wahrnehmen lernt.
Wenn „Wut" behandelt wird, lernen die Schüler zu begreifen, dass es fast immer eine Sekundärreaktion ist und dass sie prüfen sollen, was dahinter steckt. (z.B. die Verletzung, die die Wut anfacht).
Sie lernen, wie man mit Ängsten, Wut und Traurigkeit umgeht, und dass jeder einzelne für seine Gefühle selbst verantwortlich ist.
Sie sollen lernen, Meinungsverschiedenheiten und Verstimmungen aufzulösen, bevor sie sich zu einem totalen Kampf aufschaukeln.
Sie sollen auch die Fähigkeit entwickeln, ihre Schwächen zu akzeptieren sowie ihre Stärken zu erkennen.
Eine wichtige soziale Fähigkeit ist die Empathie, die geschult werden sollte, das Verstehen der Gefühle anderer und das Einfühlen in ihre Lage sowie das Respektieren abweichender Ansichten. Kinder und Jugendliche sollten die Künste der Kooperation, der kreativen Konfliktlösung und das kreative Aushandlen eines Kompromisses erlernen.
Im Unterrichtsgegenstand „Emotionale Intelligenz" sollten beständig Aufgaben gestellt werden, die die Schüler bearbeiten.

Zum Beispiel:
„Beschreibe eine angemessene Reaktion, mit der du einem Freund hilfst, einen Konflikt zu lösen. In dem Konflikt geht es um jemanden, der deinen Freund zu einem Diebstahl, zum Probieren von Alkohol oder von Drogen drängt."
Oder: Ein Freund, der gerne andere hänselt.
Oder: „ Nenne ein paar vernünftige Wege, um mit Stress, Zorn und Furcht fertig zu werden."

Aristoteles, dem so sehr an emotionaler Geschicklichkeit lag, würde das, wenn er heute lebte, vermutlich gutheißen.[27]

---

27 1996 Golemann S 336-337

Encounter im Klassenzimmer. Schüler hören einander aufmerksam zu und bieten Impulse an.

Mobbing in der Schule

Der Begriff „Mobbing"

1. *Mobbing* ist eine konfliktbeladene Situation (d.h. Schikanen, üble Nachrede, Verleumdungen, Psychoterror) am Arbeitsplatz, bei der die angegriffene Person unterlegen ist. Sie wird von einer oder mehreren Personen systematisch und über längere Zeit hinweg mit dem Ziel bzw. Effekt der Verdrängung vom Arbeitsplatz angegriffen (siehe Fallbeispiele).
2. *Mobbing* kennt als Prozess fünf Phasen, die immer wieder bei unterschiedlichen Fällen in vergleichbarer Form verlaufen. Interventionen müssen früh erfolgen. Sobald der Zyklus des Prozesses mit der Installation des „Teufelskreises" fortschreitet, wird es immer schwieriger, ihn zu stoppen.
3. *Mobbing* bewirkt auch den damit verbundenen Psychostress, der mit PTSD (engl. = post-traumatic stress disorder) bezeichnet wird. Das sind die gleichen gesundheitlichen Folgen wie bei Verbrechens-, Kriegs - und Katastrophenopfern.

„Bossing" - typisch für Mobbing in der Schule

Wenn das Mobbing vom Chef ausgeht, Vorgesetzte also Mobbing betreiben, spricht die Fachwelt auch von *Bossing*. Vorgesetzte spielen bei der Treibjagd am Arbeitsplatz eine besondere Rolle.
Insbesondere inkompetente Führungskräfte, die konfliktscheu und entscheidungsschwach sind und durch Taktieren und Manipulie-

ren versuchen, sich auf ihrer Position zu halten, aber auch machtbesessene Chefs, die die Mitarbeiter wie Leibeigene behandeln, neigen zu Schikane und Intrige. Sie werden durch Andersdenkende genauso provoziert wie durch fachlich überlegene Mitarbeiter, von denen sie sich bedroht fühlen, schreibt Ralf Brinkmann.[28] Leymann (1993) berichtet über die „ Gesundheitsgefährdenden Führer", wie sie S. Kile 1990 in Norwegen bezeichnet hat. Hinzu kommt die in unserer Gesellschaft weit verbreitete Ellbogenmentalität. Nicht der menschlich, persönlich und fachlich Qualifizierteste erreicht die Führungsposition, sondern allzu häufig derjenige, der sich durchsetzen kann.

Tribalismus und Cliquenbildung als Basis von Mobbing

In manchen Lehrerzimmern gibt es unsichtbare tiefe Gräben. Den Berichten über Mobbing in Schulen ist zu entnehmen, dass es unter den Lehrern häufig ziemlich verfestigte Gruppenbildungen gibt. Dies ist natürlich und kein Drama, so lange zwischen diesen Gruppen und Interessenklüngeln die Kommunikation stimmt. Genau da aber liegt ein Problem: Ist die Kommunikation erstarrt oder bereits von mehr oder weniger offener Feindseligkeit geprägt, wird mehr gegeneinander als miteinander gearbeitet (siehe Fallbeispiele).

In Amerika spricht man in diesem Fall von Tribalismus (von engl. tribe, = Stamm). Ned Hermann schreibt dazu: „Menschen mit ähnlichen Profilen neigen dazu, sich in Stämmen (tribes) zu sammeln. Und viele entwickeln dabei ein typisches Stammesverhalten, sowohl im positiven wie im negativen Sinne.[29]

Gruppenbildung ist dann gefährlich, wenn sich die einen begin-

28 1995 Brinkmann S 78

29 1998 Kasper S 54, 56

nen, von anderen bewusst und handelnd abzugrenzen, denn da gedeiht Mobbing. Für Insider eines Stammes ist diese Zugehörigkeit die Gewähr für höchste Gemütlichkeit, das absolute Hochgefühl, doch wehe, man gehört nicht dazu. Tribalistische Strukturen in Schulen, ganz gleich, ob sie sich unter Schülern oder unter Lehrern ausbilden, können ein sehr günstiger Nährboden für Mobbing werden. Eine in sich „geschlossene" Gruppe wie ein solcher Stamm überwindet sehr schnell moralische Bedenken und scheut auch vor Gewalttaten oder anderen Rechtsbrüchen nicht zurück.

Mobbing als „Strafe für Abweicher?"

Denn in sich gefestigte Stämme neigen dazu, vermeintliche „Störenfriede" zu stigmatisieren und auszugrenzen - mit allen Konsequenzen.[30]

Zu Störenfriede zählen schnell mal jene Lehrer mit anderen pädagogischen, psychologischen Sichtweisen, die ihr Handeln reflektieren, fachliche Überlegenheit aufweisen, die sich für Rechte der Schwächeren einsetzen und pädagogische Worte in Taten umsetzen etc.

Das Problem psychische Gewalt an Schulen

In den letzten Jahren ist es für uns offensichtlich geworden, dass die Zunahme der Gewalt in allen gesellschaftlichen Schichten ein ernstes Problem geworden ist. Schulen sind in diesen Prozess integriert, da sie als Abbild der Gesellschaft nur das widerspiegeln, was gemeinschaftlich gelebt wird.

---

30 1998 Kasper,S 54, 56

Psychische Gewalt ist die Quelle physischer Gewalt. Gewaltformen sind ein Maß für das tatsächlich vorhandene Gewaltpotential des Menschen.

Ein zweiter wichtiger Aspekt für das Verstehen psychischer Gewalt ist das Erkennen von Kompensationsverhalten. Je schwächer, hilfloser und ausgelieferter sich Menschen fühlen, desto stärker kompensieren sie dies durch äußere Machtdemonstrationen, die immer auf Kosten der Mitmenschen gelebt werden. Mobbinghandlungen sollen diesem psychischen Ausgleich dienen, sie demonstrieren aber im Grunde nur die innere Schwäche der Täter. Das heißt: Menschen mit hohen Minderwertigkeitsanteilen, die sich permanent seelisch schwach fühlen, konflikunfähig sind, versuchen ihre Schwäche dadurch zu überwinden, dass sie nun ihre Mitmenschen abwerten, verleumden und an ihnen psychische Gewalt ausüben. Aus ihrer eigenen Angst und Unsicherheit heraus, vermeiden sie eine kreative menschliche Konfliktlösung.
Sind die menschlichen Beziehungen an einer Schule z.B. sehr stark von Macht-, Dominanz- und Manipulationsabsichten geprägt, so finden diese um so subtiler statt, je größer die rationale Intelligenz der Beteiligten ist. Nach außen ist man höflich, sachlich und nett miteinander. Aber hinter dieser Fassade finden Ausgrenzungen, Verleumdungen, Beschimpfungen und Rufmord statt (Horst Kasper S 158).

Von der Liebe zur Dominanz
zur Dominanz der Liebe

Psychische Gewalt entsteht durch eine bestimmte Einstellung zu Mitmenschen.

Dies verdeutlicht die folgende Gegenüberstellung:

Soll - Absichten nach Horst Kasper

❖ *Gemeinschaftsgesinnung:*
Die Interessen und Bedürfnisse aller Menschen sind zu berücksichtigen und gegeneinander abzuwägen.

❖ *Achtung vor der Würde des Menschen:*
Der Mensch besitzt Würde nicht auf Grund von Begabung und Leistungen, sondern alleine durch sein Menschsein.

❖ *Toleranz gegenüber anderen Meinungen:*
Sie akzeptiert andere Sichtweisen und wägt verschiedene Standpunkte gegeneinander ab.

❖ *Achtung vor der Wahrheit:*
Die Wahrheit lässt sich nur in der Wirklichkeit finden. Oft steht diese aber im Widerspruch zu menschlichen Vorstellungen, da sehr viele Menschen heute nicht zur kreativen Konfliktlösung bereit sind. Eine gemeinsame Gegenüberstellung bzw. gemeinsame Konfrontation wird aus Angst vor der eigenen Unzulänglichkeit vermieden. Ein hinterrücks Bereden wird bevorzugt. Dies führt zu Realitätsverlust und damit zur Entfremdung von der Wahrheit.

❖*Selbstständiges Denken:*

Menschen sind sich bewusst, dass die Art und Weise ihres Denkens durch Emotionen gesteuert wird (gut entwickelte Emotionale Intelligenz). Sie reflektieren ihre Emotionen, projizieren weniger und nehmen Projektion rasch zurück.

❖*Wille zu sozialer Gerechtigkeit und politischer Verantwortung:*

Dieser Wille setzt voraus, dass Menschen bereit sind, die Folgen ihrer Entscheidungen wahrzunehmen und, falls erforderlich, diese zu korrigieren. Diese Offenheit macht kybernetisches Denken möglich.

Ist-Zustand

❖*Egozentrik:*

Der Mitmensch ist nur Mittel für eigene Zwecke. Der Mitmensch hat zu funktionieren. Er steht vorrangig im Dienste der oberen Hierarchie - Ebene.

❖*Würdelosigkeit:*

Die Bewertung eines Menschen erfolgt nach seinen Leistungen. Welche positiv und negativ zu bewerten sind, bestimmen die Machtinhaber. Die Beurteilung für Lehrer richtet sich oft nach den jeweiligen Intrigen, oder Verleumdungen ohne Reflexion.

❖ *Intoleranz und Feindseligkeit:*

Wer eine andere Meinung vertritt, ist automatisch der Feind, der bekämpft werden muss.

❖ *Lüge und Gesetzesbruch:*

Wahrheitsnähe bedeutet oft Machtverlust. Wenn Menschen diesen nicht ertragen können, regieren nicht mehr Gesetze und Richtlinien, sondern nur noch das eigene Wollen, Willkürentscheidungen nehmen zu.

❖ *Gedankenlosigkeit:*

Sind Menschen sich ihrer Gefühle nicht bewusst (Emotionale Intelligenz nicht entwickelt), werden die Entscheidungen nur emotional getroffen.
Egozentrische Menschen sind deshalb ihren Mitmenschen gegenüber wenig sensibel.

❖ *Ungerechtigkeit und Verantwortungslosigkeit:*

Sie nehmen zu, wenn die Folgen von Fehlentwicklungen immer von untergeordneten Mitmenschen zu tragen sind. Solche Einstellungen entstehen durch lineare Denkprozesse.[31]

---

31 1998 Kasper S 159

Wie können wir negative Erfahrungen in der Schule positiv verändern? (Mobbingfreie Schule)

Die Gradwanderung des Mittelweges zwischen rechter und linker Gehirnhemisphäre - Emotionalität und Rationalität zu finden, sollte für uns zur Zukunftsaufgabe werden.

Wir sollten vor allem:

Wahrnehmungsvermögen besitzen.

Dies beinhaltet die Bereitschaft, Fehlentwicklungen wahrzunehmen.

Zur Selbsterkenntnis fähig sein.

Selbsterkenntnis ist nur möglich, wenn jemand die Fähigkeit besitzt, Versagen und Fehlentscheidungen für die eigene Person zu akzeptieren, ohne Bewertung, ohne allzu großen Selbstwertverlust, und auch bereit ist, daraus zu lernen. Zur Selbsterkenntnis gehört auch, die eigenen Schattenanteile zu erkennen und diese schrittweise in Harmonie zu bringen.

Auf Dominanz verzichten können.
Projektionen zurücknehmen.

„Menschen, die einseitig nach dem Machtprinzip leben, sind darauf angewiesen, sich innerhalb unserer menschlichen Rangordnung immer nach unten dominant und nach oben submissiv (untertänig) zu verhalten. Das Denken ist so durch Projektionen gesteuert, dass Verantwortung und eigenes Versagen immer auf die unteren Hierarchieebenen abgewälzt werden. Die so gewonnene Fehlerlosigkeit ist dann ein Attribut für Stärke und Macht. Doch diese hat sich auf Kosten anderer Menschen verschoben. Für viele der Inbegriff von Größe."[32] Wenn wir unsere inneren Verletzungen, unser Inneres Kind in uns heilen, dann verzichten wir automatisch auf Dominanz, Macht, Rangordnung, Verleumdungen, Intrigen, Rufmorde, etc ...

Die Emotionale Intelligenz mehr entwickeln.

(Schüler - Lehrer - Eltern - Direktoren - Inspektoren)
Erkenne dich selbst durch all deine Emotionen.

Ein kämpferischer Samurai, so heißt es in einer alten japanischen Legende, forderte einst einen Zenpriester auf, ihm Himmel und Hölle zu erklären. Doch der Priester erwiderte verächtlich: „Du bist nichts als ein Flegel, mit deinesgleichen vergeude ich nicht meine Zeit!" In seiner Ehre getroffen, wurde der Samurai rasend vor Wut, zog sein Schwert aus der Scheide und schrie: „Für deine Frechheit sollst du mir sterben!"
„Das ist, gab ihm der Priester zurück, die Hölle."
Verblüfft von der Erkenntnis der Wahrheit dessen, was der Priester über die Wut gesagt hatte, die sich seiner bemächtigt hatte, beruhigte sich der Samurai, steckte das Schwert in die Scheide und dankte dem Priester mit einer Verbeugung für die Einsicht.
„Und das, sagte der Priester, „ ist der Himmel."

---

32 1998 Kasper S 161

Die plötzliche Einsicht des Samurai in seinen eigenen Erregungszustand macht den entscheidenden Unterschied deutlich, ob man in seinem Gefühl befangen ist oder ob man erkennt, dass man von ihm fortgerissen wird. Sokrates' Ermahnung „Erkenne dich selbst" spricht diesen Grundpfeiler der **Emotionalen Intelligenz** an, sich der eigenen Gefühle samt den dazugehörigen Gedanken in dem Augenblick, da sie auftreten, ohne Bewertung bewusst zu werden, die Gefühle, Projektionen zurückzunehmen, zu erkennen und loszulassen. Können wir mit unseren eigenen Emotionen gut umgehen, dann können wir auch mit den Emotionen anderer umgehen. Beim Erlernen der Emotionalen Intelligenz geht es also nie um die Verleugnung von irgendwelchen Gefühlen, sondern „nur" um die Zügelung derselben.[33] Wenn wir unsere Gefühle nicht wahrnehmen, können wir auch die Gefühle anderer nicht wahrnehmen und dies ist ein Mangel an emotionaler Intelligenz und ein tragisches Defizit an Menschlichkeit. Denn der psychische Kontakt, der jeder mitmenschlichen Regung zugrunde liegt, beruht auf Empathie, der Fähigkeit, sich emotional auf andere einzustellen. Die Erfahrung mit all meinen Gefühlen von jemandem verstanden und akzeptiert zu werden, ist ein für die Entwicklung fördernder Faktor sowie ein sehr bestärkendes Erlebnis.

[33] 1996 Golemann S 127

Wer keine Macht über sich selbst hat, bedarf der Macht über andere Menschen. Warum? Was fehlt für eine positive Veränderung?

Fehlende Emotionale Intelligenz dürfen wir demzufolge als Ursache der meisten Gegenwartsprobleme ansehen. Viele Menschen in Führungspositionen sind mit diesem Mangel behaftet. Statt einer sozialen Verantwortung gerecht zu werden, nutzen sie ihre Stellung, um sich Macht über andere Menschen zu verschaffen und diese Mitmenschen haben ohne Widerspruch und Reflexion zu funktionieren. Die Würde des Menschen wird nicht geachtet. Im Bildungswesen ist deshalb mangelnde Emotionale Intelligenz für das schlechte Betriebsklima und die zunehmenden grassierenden Mobbingfälle verantwortlich.

„Eine denkbare Lösung ist eine neue Auffassung davon, was die Schule für die Bildung des ganzen Schülers tun kann, indem sie Geist und Herz berücksichtigt. Ich kann mir vorstellen, dass es eines Tages zur üblichen Bildung gehören wird, wesentliche menschliche Kompetenzen wie Selbsterkenntnis, Empathie und dazu die Künste des Zuhörens, der Konfliktlösung und der Kooperation zu vermitteln“ (1996 Goleman S. 14).

Die Kosten hierfür dürften wesentlich geringer ausfallen, als die Geldbeträge, die aufzubringen sind, falls wir weiterhin die Schulung der Emotionalen Intelligenz vernachlässigen. Viele unserer heutigen Probleme könnten sich von selbst auflösen.[34]

---

[34] 1998 Kasper S 171

Die Alternative:

Das „ABC“ der mobbingfreien Schule

nach Horst Kasper

Grundlage einer praktischen Ethik für die Schule ohne Mobbing und Schikane.

A	Achtung der Menschenwürde.
B	Bossing und Mobbing in Acht und Bann!
C	Couragiert und besonnen, höflich, aber bestimmt gegen Chefin oder Chef, wenn sie mobben.
D	Wo Druck und Disziplin allgegenwärtig sind, ist Mobbing nicht weit.
E	Bei Empathie der Lehrer und Schulleiter gibt`s keine Schikanen.
F	Gehe mit fremden Fehlern so nachsichtig um wie mit deinen eigenen.
G	Gemeinsam gegen Mobbing! Aber Gemeinheit zerstört Gemeinsamkeit.
H	Humor ist ein guter Schutzmantel in allen Lebenslagen.
I	Intoleranz ist der Nährboden für Intrigen.
J	Jeden kann es einmal treffen!
K	Kritik darf nicht verletzen. Konflikte dürfen nicht ent gleisen - konstruktive Kommunikation bewahrt alle davor.
L	Lerne zu leben ohne zu mobben!
M	Sei Mitmensch, und nicht Mobbmensch!
N	Neid und Missgunst sind häufig der Nährboden für Mobbing.

O Steh dem Opfer mutig bei!
P Seine Pflicht verletzt, wer mobbt.
Q Die Qualität einer Schule zeigt sich darin, dass sie als lehrende Organisation keine Schikane kennt.
R Rede mit anderen und nicht über andere. Rede und handle anderen gegenüber so, wie du es gerne von anderen dir gegenüber hättest.
S Schütze die Schwachen vor Schikanen der Starken.
T Übe dich in Toleranz, das bewahrt andere vor deiner Bosheit.
U Mobbing ist ein Unheil, wo es auch vorkommt, aber ein vermeidbares. Und es kostet jährlich Unsummen, die leicht einzusparen sind.
V sei als Vorgesetzter Vorbild, in der Achtung der Menschenwürde anderer. Das schafft Vertrauen.
W Wehre den Anfängen von Willkür und Schikane und vergiss dabei nicht: Mobber sind auch nur Menschen.
XY Unbekannt sollte kein Mobber durchs Leben gehen dürfen.
Z Mit Zivilcourage dem Mobbing begegnen, das Ziel im Auge:
Unsere Schule ist frei von Mobbing und Schikane.

(1998 Kasper S. 183)

Die Anti - Mobbing - Konvention der Schule

9 Artikel für eine Schule ohne Mobbing und Schikane

1. Wir achten in Wort und Tat die ***Würde*** unserer Mitmenschen.
2. Wir leisten jedem Mitmenschen, der darum bittet, ***Beistand*** gegen Schikanen und stellen uns demonstrativ an seine Seite, auch wenn wir nicht in allem seine Meinung teilen. Wir lassen Angefeindete nicht allein! Wir sind bereit, einen Außenstehenden ***Supervisor oder Therapeuten*** in die Schule zu holen, wenn der Konflikt oder die Schikanen nicht von selbst zu lösen sind.
3. Wir wollen den Anfängen von ***Psychoterror*** in unserer Schule entgegenwirken, von wem er auch ausgeht.
4. Wir wollen uns in ***Toleranz und Zivilcourage*** üben.
5. Wir begegnen fremden Fehlern ebenso ***nachsichtig*** wie unseren eigenen.
6. Wir wollen uns nicht an der Entstehung und Verbreitung von Gerüchten beteiligen. Unser Grundsatz sei: ***„Mit den Menschen, nicht über sie reden!"***
7. Wir erklären, dass wir ***niemanden schikanieren***. Niemand soll andere über - oder unterfordern. Niemand soll andere bewusst Situationen aussetzen, denen sie nicht gewachsen sind.
8. Wir wollen uns stets Mühe geben, mit jedermann in unserer Schule höflich und offen ***zusammenzuarbeiten*** und dabei Problemen, Konflikten nicht aus dem Weg zu gehen, sondern kreativ zu lösen.
9. Wir verpflichten uns, mit anderen gemeinsam gegen Mobbing und Psychoterror vorzugehen, wo wir dies beobachten. ***Wir handeln gemeinsam, statt einsam.***[35]

[35] 1998 Kasper S 158

Für Schüler, Lehrer & Eltern:
BEACHTE!!!
Es gibt bei Mobbing und Schikane keine unbeteiligten Zuschauer. Nichtstun bedeutet Unterstützung.

Die Umwandlung des „Teufelskreislaufs“ in eine positive Entwicklungsspirale, eine Kreisbewegung aufwärts, ist ein schwieriges Unterfangen, das nicht immer aus eigener Kraft gelingen mag, vielmehr fachkundige Hilfe von außen erfordert. Solche Hilfe ist teuer, ich bin aber überzeugt davon, dass viele Krankenstände ausblieben, wenn diese Kosten für eine fachliche Unterstützung vom Staat getragen werden. Hier könnte ein mutiger Schritt in Form von Investitionen in die Zukunft letztendlich beim Sparen helfen. Dem Lehrerteam ist aber schon geholfen, wenn die „Anti - Mobbing - Konvention“ und das „ABC der mobbingfreien Schule“ ihre Beachtung erhielten (nach Horst Kasper).
Allein die Verständigung darüber, ab sofort alles immer ein wenig besser machen zu wollen, setzt die besten Kräfte frei.
Ein Sprichwort lautet: Wo ein Wille ist, ist auch ein Weg. Der feste Glaube an die Machbarkeit einer Sache, an ihre Durchführbarkeit, sind die Grundlage allen schöpferischen Denkens und Handelns.
Danke für Ihre Bereitschaft!

Ein weiterer wichtiger Punkt wäre, dass sich Behörden nicht zu Komplizen von Mobbern machen dürfen oder - was auch zu beobachten ist - sich gar als Gehilfen der Mobber instrumentalisieren lassen (siehe Fallbeispiele). Die Schulaufsicht sollte entsprechend menschenwürdig handeln und nicht den Teufelskreislauf bestärken.

Nach Leymanns Ausführung verhalten sich viele Personalvertreter und Gewerkschaftsfunktionäre (wobei ich persönlich auch die offiziellen Vertreter des Bezirksschulrates dazuzähle) falsch, abwertend und abweisend gegenüber Mobbingproblemen. Er vermutet den Grund in dem Bestreben, mit der Mehrheit in Einklang zu bleiben (Wiederwahl). Viele Gewerkschaftsfunktionäre und Inspektoren halten sich aber auch deswegen zurück, da sie selbst konfliktunfähig sind oder sich nicht kompetent genug fühlen. Ich schlage daher vor, dass Gewerkschaftsfunktionäre, Inspektoren und Direktoren eine Ausbildung erhalten sollten, um mit Konflikten menschlicher, fairer und kreativer umgehen zu können. Ist keiner kompetent genug, dann sollte ein Supervisor oder Therapeut in die Schule geholt werden.

Die Goldene Regel

„Ich denke von dir,
wie ich wünsche,
dass du über mich denkst."

„Ich spreche von dir,
wie ich möchte,
dass du über mich sprichst."

„Ich handle dir gegenüber so,
wie ich wünsche, dass du
es mir gegenüber tust."

Arthur Lassen

2. Teil

FALLBEISPIELE

Fallbeispiele aus dem Schulalltag

Aus privaten Gründen ließ sich die Hauptschullehrerin Jasmin P. in den Bezirk Z versetzen und wurde hier als Personalreserve eingesetzt, wobei ihr ein fixer Posten im folgende Schuljahr fest zugesagt wurde. Die Besetzung des Bezirksschulrates veränderte sich und man bat Jasmin nochmals im fünfzehnten Dienstjahr in die Reserve zu gehen. Sie willigte unter der Voraussetzung ein, innerhalb von zwei Jahren eine Schule zu finden, die einen langfristigen Geographie- und Englischlehrer brauchte. Ihre letzte Schule suchte beim Bezirksschulrat um einen fixen Geographie- und Englischlehrer an. In Folge wurde Jasmin auch die schulfeste Stelle für Englisch und Geographie an dieser Schule vom Bezirksschulrat versprochen, da sie zu den Dienstälteren zählte.

Da sie selbst mehrere Jahre Personalvertreterin war, wusste sie, dass sie mit ihrem Einverständnis dem Bezirk Z sehr entgegen kam.

Ihre Freunde waren nicht begeistert, als sie hörten, in welche Schule sie kommen würde, da diese in Bezug auf Kollegialität einen äußerst schlechten Ruf hatte. Sie ließ sich jedoch über diese Schule keine Geschichten erzählen, da sie ihren Mitmenschen im Jetzt begegnen möchte ohne Vorurteile, ohne Vergangenheit.

Heute weiß sie, was ihre Freunde damit meinten. Trotz der „harten“ Zeit kann sie mittlerweile Dankbarkeit empfinden, da sie im Konferenzzimmer einige Spiegelbilder vor sich hatte und dadurch unterdrückte Schattenanteile in ihr Bewusstsein holen und schrittweise nach ihrem Tempo in sich heiler werden konnte. Da jedoch die Kollegen unbewusst blieben, die negativen Spielchen weiterhin lebten und Jasmin beständig als Projektionsscheibe benutzen wollten, verweigerte sie sich diesem negativen Teufelskreislauf. Jasmin lehnte es ab, in diesem lebensbehindernden Schauspiel ihre Arbeit fortzusetzen. Ihre offene, reflektierende, bewusste Sichtweise wurde mit allen Mitteln bekämpft.

Eine Klasse rebellierte

Im Schuljahr 1995 kam die Beratungslehrerin zu Jasmin und erklärte ihr, sie sei schuld, dass die Klasse 1Y so aggressiv wäre, da die hörsprechbehinderte Schülerin aus dieser Klasse in Jasmins Unterricht geschummelt haben solle und von ihr dabei nicht erwischt wurde. Es war ein Sündenbocksyndrom, doch das wollte man nicht hören. Unterdrückte Aggression findet ihren Weg und entlädt sich immer beim schwächeren Glied.

Bei einer gut entwickelnden Emotionalen Intelligenz lernt das Kind von Beginn an seine Gefühle mit Verständnis zu erfahren und zu leben. Das Kind, der Schüler oder der Erwachsene braucht dann keinen Sündenbock um unterdrückte Aggression zu entladen, sondern der Heranwachsende lernt sich selbst zu verstehen und zu akzeptieren mit all seinen Gefühlen.

Die Beratungslehrerin, der Direktor und der Klassenvorstand hielten deswegen in Jasmins Abwesenheit einen Elternabend ab. Den Eltern wurde das Sündenbocksyndrom nicht erklärt, sondern unbewusst und unreflektiert wurden sie in ihrer Anschuldigung bestärkt. Die Eltern sowie die Schüler waren nach dem Elternabend sehr aggressiv auf Jasmin und für alles, was mit ihr nichts zu tun hatte, wurde sie beschuldigt. Der Direktor unterstützte die Eltern und Schüler beständig in ihrem Verhalten gegenüber Yasmin. Alle Klarstellungen, Beweise oder Erklärungen waren umsonst, da die Schulleitung gegen Jasmin arbeitete. Ermahnte Jasmin die 1Y während der Stunde, erklärten ihr einige Schüler: „Was wollen sie? Der Herr Direktor, die Beratungslehrerin, die Eltern und der Klassenvorstand halten zu uns!" Jasmins Autorität wurde durch verschiedene Aktivitäten der Erwachsenen beständig zerstört.

Die Tiefenpsychologie weiß, dass solche Aktivitäten gegen einen Lehrer in alle anderen Klassen sowie ins Konferenzzimmer (Kettenreaktion) überspringen und so war es auch. Es ist ein Gruppenphänomen, wo sich die Gruppe unbewusst, unreflektiert zusammenschließt auf der Grundlage einer gemeinsamen Verdrängung.

In diesem Fall wurde die eigene Aggressivität nicht wahrgenommen und auf Jasmin sowie auf die hör-sprechbehinderte Schülerin projiziert. Der Andere ist der Urheber meiner Aggressivität, auch wenn der Andere ganz ruhig und zu diesem Zeitpunkt nicht aggressiv ist. Die Schüler einer Selbsterfahrungsgruppe, die ich - wie später noch erwähnt wird - leitete, nahmen sehr rasch wahr, dass sie selbst die Urheber ihrer Aggressivität, ihrer Gefühle waren und somit jeder einzelne für seine Gefühle selbst verantwortlich war.
Jasmin erklärte dann dem Direktor: „Durch diesen Elternabend hat man jetzt alle Klassen gegen mich gehetzt." Er antwortete wortwörtlich: „Ja leider." Sie bekam jedoch keine positive Unterstützung, sondern das Gegenteilige trat ein. Sie sprach dann die Beratungslehrerin direkt an, die jedoch ihre Sichtweise ablehnte und ihr erklärte, dass der Herr Direktor und der Herr Kollege, der sozusa-

[36] In dieser Schule gab es einen Kollegen, der sozusagen der Star unter den Lehrern war. Er durfte alles und hatte bzw. nahm sich alle Privilegien heraus. Der Einfachheit halber möchte Jasmin ihn in Zukunft mit „Kollege Maier" ansprechen.

gen der Star[36] unter den Lehrern war, es als ganz toll empfanden, wie sie den Elternabend der 1Y durchgeführt habe. Jasmin fragte sie dann, was so toll war: „Ist es wirklich so toll, wenn eine Beratungslehrerin Schüler und Eltern gegen einen Lehrer hetzt, durch Unwissenheit und Kompetenzüberschreitung?" Diese Frage konnte sie nicht annehmen und so erhielt Jasmin als Abwehrreaktion aggressive, unreflektierte Rechtfertigungen. Die Beratungslehrerin gab Jasmin auch noch zur Antwort, dass sie Beratungslehrerin geworden sei, damit sie mehr Anerkennung erhielt und mehr darstellte.

Jasmin war zutiefst erschüttert, welch negative Auswirkungen solch unreflektierte Aussagen, Handlungen, die von einer Beratungslehrerin kommen, auf das ganze System haben. Die negativen Auswirkungen dieses Elternabends spürte Jasmin alle vier Jahre. Sie nahm sich Supervisions- sowie Therapiestunden, um die Wut in ihr aufzulösen.

Im Juni 1998 kamen die vierten Klassen am letzten Schultag zu Jasmin und entschuldigten sich bei ihr, dass sie bei ihr alles abgeladen und Jasmin für alles beschuldigt hatten. Sie nahmen damit Bezug auf den Elternabend der 1Y Klasse 1995.

Jasmin verstand durch dieses Ereignis, warum außerhalb der Schule die Beratungslehrer so in Frage gestellt werden und warum so viele Emotionen gegen sie hochkommen.

Auch die Parallelklasse rebellierte nach diesem Elternabend

Die 1X wollte unbewusst oder bewusst zur Großgruppe dazugehören (siehe „Mit einem Psychotherapeuten und Supervisor reflektierter Teil 2") und erzählte der Parallelklasse einfach Dinge, die sie angeblich in Jasmins Unterricht taten, wobei sich jedoch die Phantasie ganz stark mit der Realität vermischte. So behaupteten sie zum Beispiel, sie seien während ihrer Stunde laut, frech und würden beständig ihren Vortrag unterbrechen. Jasmin sprach dann die 1X direkt darauf an, warum sie Dinge über ihren Unterricht erzählten, die überhaupt nicht stimmten.

„Ihr seid weder laut, noch störend und eure Mitarbeit ist gut. Die Projekte, die wir während des Geographieunterrichts einfließen lassen, werden von euch mit vollem Engagement durchgeführt. Ich bin zufrieden mit euch." Sie lachten nur und waren natürlich nicht in der Lage, eine Antwort darauf zu geben. Jasmin vergaß diesen Vorfall und hörte sich keine Geschichten mehr an, da sie das gegenseitige Austricksen nicht fördern wollte, indem sie sich Geschichten anhörte ohne beidseitiger Konfrontation (Klasse 1Y und 1X).

Diese beiden Klassen führten jedoch hinter ihrem Rücken den Krieg weiter. Sie erzählten den Klassenvorständen Geschichten über Jasmin und diese diskutierten in der 2. und 3. Klasse mit den Schülern, was sie im Unterricht angeblich falsch machte. Die Schüler erklärten ihr dann, wie sie zu reagieren habe und bezogen sich dabei auf den Klassenvorstand und die Beratungslehrerin. Das bedeutet, in der Beratung wird mit den Schülern besprochen, wie der Lehrer im Unterricht zu reagieren hat.

Am Gang sprachen Jasmin dann Schüler von anderen Klassen an, sie solle sich das nicht gefallen lassen, was vor allem die 3X (ehemalige 1X) sowie der Klassenvorstand über sie behaupteten. Wortwörtlich sagten sie: „Das sind nicht sie, wir mögen sie, bitte wehren sie sich endlich." (Jasmin trug für ihre innere Aufarbeitung, immer alles wortwörtlich in ihr Tagebuch ein). Sie sprach dann beide Klassenvorstände direkt an, wollte sich mit ihnen konfrontieren, doch beide entschieden sich in ihrer Abwehrhaltung gegen eine menschliche Konfrontation, schrien Jasmin nieder oder ließen sie einfach stehen. Durch diese direkte Konfrontation bestärkte Jasmin die Intrigen gegen sie noch mehr. Und gerade diese Kolleginnen waren laut Direktor die besten Pädagogen und Lehrer. Das heißt: Wenn ein Lehrer die Schüler beständig gegen einen anderen Lehrer hetzt und Unwahrheiten über diesen Lehrer verbreitet, wird er als hervorragender Pädagoge, Lehrer, Kollege oder Personalvertreter bezeichnet und bewertet.

Erziehung und Pädagogik bedeutet laut Direktor und Lehrerkollegen dieser Schule:

Förderung und Bestärkung von Intrigen, Mobbing, Austricksen von Andersgesinnten, Gehässigkeit, mit der Wahrheit kommt man nicht weit, Ellbogentechnik etc.

„Wie der König, so der Untertan.", sagt ein Sprichwort. „Wie der Herr Direktor, so die Kollegen.", „Wie die Lehrer, so die Schüler.", scheint ebenfalls wahr zu sein.

Der Klassenvorstand in der damaligen 1X behauptete auch noch, als selbst nicht geprüfter Geograph, Jasmin täte im Geographieunterricht nichts. Diese Kollegin hatte an ihrem Unterricht nie teilgenommen und bewertet ihn dennoch ganz ungeniert in aller Öffentlichkeit.

Die Schüler der ehemaligen 1X brachten es dann mit ihrem Klassenvorstand fertig, einen Teil ihrer Eltern gegen Jasmin zu hetzen (unbewusst wollten sie mit der damaligen 1Y mithalten, dazugehören) und Jasmin wurden in der Kanzlei vom Direktor, sowie vom Kollegen Maier emotional Dinge vorgeworfen, die sie nie gesagt habe, schon gar nicht aus dieser negativen, destruktiven Motivation heraus. Wenn Jasmin dann ruhig in die Klarstellung ging, schrie sie der Herr Direktor als Lügnerin nieder. Jasmin bat ihn sowie den Klassenvorstand dieser Klasse, einen außerordentlichen Elternabend abhalten zu dürfen, damit Missverständnisse ausgeräumt werden können, doch dieser Elternabend wurde ihr verboten und die negativen Spiele liefen weiter. Der außerordentliche Elternabend war sogar von einer Mutter dieser Klasse vorgeschlagen worden. Der Direktor machte dann hinterrücks in dieser Klasse eine Abstimmung mit den Eltern wer gegen Jasmin ist (Dies teilte er Jasmin persönlich mit). Er behauptete dann, dass 14 Eltern gegen Jasmin waren. Jasmin war sich sicher, dass diese Behauptung nicht ihre Richtigkeit haben konnte, da sich trotz der Intrige, die vom Klassenvorstand ausging, viele Eltern von dieser Klasse für ihren engagierten Geographieunterricht bedankten.

Als Therapeut und Lehrer stelle ich mir neutral zwei Fragen: „Wie kann es überhaupt dazu kommen, dass die Eltern die nicht im Unterricht anwesend sind, den Unterricht hinterrücks ohne Konfrontation, unreflektiert beurteilen dürfen und bestimmen, ob der Lehrer die Klasse weiterführen darf? Ist es wirklich das Ziel des Landesschulrates, Zentralauschusses oder der Personalvertretung, dass bestimmte Direktoren, Inspektoren und Beratungslehrer eingesetzt werden, um an engagierten, reflektierten, bewussten Lehrern Rufmord zu begehen, damit sie die unreflektierten Eltern und Lehrer (Wähler) zufrieden stellen?“

Durch diese Ziele bestärken wir Intrigen, Verleumdungen, Schuldverschiebung, Mobbing etc., aber keine kreative, faire, menschliche

Konfliktlösung mit Eltern, Lehrern und Schülern und alle pädagogischen, psychologischen Worte sind dadurch leere Worte.
Eine Schülerin der 3X 1998 (der ehemaligen 1X) sagte dann zu Jasmin: „Sie haben mir nichts zu sagen. Der Herr Direktor ist mein Onkel und der macht sie dann wieder nieder."
Die Klassen der Schule hetzten dann immer die neuen ersten Klassen gegen Jasmin auf und bestärkten die Kleinen gegen sie, da ohnedies der Direktor und die Beratungslehrerin, was ihre Person betrifft, hinter den Schülern stehen würden. Eine erste Klasse erklärte Jasmin das direkt während des Unterrichtes und bezog sich auf die 4Y.
Ich leitete zu dieser Zeit eine Selbsterfahrungsgruppe für Schüler, wobei auch einige Schüler von dieser Schule in dieser Selbsterfahrungsgruppe teilnahmen. Einige Schüler dieser parallel rebellierenden Klasse litten sehr unter den Behauptungen, die ihre Schulkameraden gegen Jasmin aufstellten und darunter, dass der Klassenvorstand die Schüler darin bestärkte. Wortwörtlich fragten sie mich: „Die Lehrer glauben aber nicht, was diese Zicken unserer Klasse über Jasmin behaupten? Das stimmt ja gar nicht!" Sie stellten auch fest, dass der Herr Direktor von Jasmin nur etwas Schlechtes wissen wolle, und sie fühlten sich von ihm an die Wand gedrückt. Da ich selbst Jasmin sehr gut kannte, konnte ich in dieser Angelegenheit als Therapeut nicht wirklich neutral sein. Ich bat die Schüler diese Angelegenheit mit einem anderen Therapeuten oder mit ihren Eltern zu besprechen. Ich selbst nahm mir dann Supervisionsstunden, damit ich für mich Klarheit schaffen konnte.
Nach meiner Sichtweise, sowie den Sichtweisen vieler Psychotherapeuten, sollte sich eine Beratungslehrerin in der Beratung bei Schüler-Lehrer-Problemen heraushalten und diese Probleme nicht

mit Schülern besprechen, sondern es einem außenstehenden Therapeuten überlassen. Ein solcher Therapeut kann die Situation neutral betrachten und ist nicht emotional verwickelt, wie manche Beratungslehrer. Mochte zum Beispiel eine Beratungslehrerin in dieser Zeit, wo sie selbst unterrichtete, einen Kollegen nicht und ist dieser Konflikt bei ihr innerlich nicht erlöst, wurde dies bei Schüler-Lehrer-Problemen emotional vermischt. Diese Erfahrungen machte ich in meiner Praxis durch Kollegen, die meine therapeutische Technik in Anspruch nahmen. Deshalb sollten die Beratungslehrer ja auch nur (gemäß schulischer, gesetzlicher Regelung) eine beratende und keine therapeutische Funktion ausüben. Diese Kompetenz wird jedoch in der Praxis laufend überschritten. Der Schüler hat bei einem außenstehenden Therapeut klarer, echter zu sein und kann nicht irgendwelche Geschichten erzählen. Ein außenstehender Therapeut kann dann auch klarer, neutraler und liebender dem Lehrer gegenüber ohne Bewertung auftreten. Wenn die subjektiven Emotionen des Schülers außerhalb der Schulzeit, außerhalb der Schule und freiwillig neutral betrachtet werden, kann es rascher zu einer inneren Selbstheilung kommen. Während der Unterrichtszeit wird die Beratung ausgenutzt, da die Schüler dadurch dem Unterricht fernbleiben können. Meine Selbsterfahrungsgruppe mit Schülern wurde außerhalb der Schulzeit durchgeführt. Die Schüler bestimmten selbst die Zeit und den Tag. Natürlich war die Selbsterfahrungsgruppe am späten Nachmittag angesetzt.

Jetzt trat Jasmin einen Schritt zurück und schaute sich an, welche Kräfte am Werk waren.
In jedem Menschen wirken positive (Licht) und negative (Schatten) Kräfte.
Während ihres Selbsterfahrungsprozesses in den letzten Jahren kam sie schrittweise zu ihrem natürlichen Selbstwert und sie konnte sich immer weniger verleugnen und immer weniger funktionieren und sie befreite sich schrittweise von ihrer negativen unbewussten Geschichte. Das heißt aber nicht, dass sie ihren inneren Prozess bereits abgeschlossen hatte. Sechs Jahre hat sie mitgespielt und als Funktionierende war alles okay. Sprich: Sie holte sich viel Anerkennung von den Schülern und als Funktionierende im System dieser Schule. Dies wurde durch ihre Selbsterfahrung immer weniger wichtig und dadurch wurde sie im System der Außenseiter. Durch ihre Klarheit und Direktheit hob sie viele Aggressionen, Unzulänglichkeiten bei den Kollegen, bei der Personalvertretung und beim Bezirksschulrat hoch. Das System verwendete sie somit als Sündenbock. Jasmin war in dieser Gruppe das schwächere Glied. Sie kam mit sich selbst in Konflikt, da sie einerseits nicht mehr funktionieren konnte und andererseits nicht sicher war, ob sie ihre Wahrheit uneingeschränkt, kraftvoll leben kann. Damit brachte sie den Rest in Konflikt. Die anderen spürten auch, dass es nicht okay war, waren jedoch zu bequem, zu hilflos oder zu schwach, etwas zu verändern.
Damit die Kollegen, der Bezirksschulrat und die Direktion sich mit dem schmerzhaften Konflikt nicht auseinandersetzen brauchten, gingen sie in die Aggressivität, Verleumdungen, Intrigen und in

bösen Tratsch, was sich wiederrum im Klassenzimmer, bei der Beratungslehrerin, den Eltern, der Personalvertretung und dem Bezirksschulrat widerspiegelte.

Es haben sich hier Kindheitsmuster von ihr wiederholt, während sie diesen starken Konflikt wahrgenommen hatte. Jasmin war immer gern das „brave heilige" Kind und tat alles, nahm alles auf sich, um geliebt zu werden. Als Kind ließ sie sich immer wieder für etwas beschuldigen, das sie nicht getan hatte. Ein „braves heiliges" Kind duldet alles ohne Widerspruch.

Während des Konfliktes nahm sie wahr, dass sie sich selber mehr wert war und nicht mehr auf Grund dieser funktionierenden Spielchen Liebe erhalten wollte.

Im Sinne der „Systhemischen Therapeutischen Aufstellung" sahen anderen Kräfte des Systems darin eine „Bessere". Das „Bessere" mobilisierte ihre eigene Angst und ihre Minderwertigkeit. Um diesen Schattenanteilen zu entkommen, gingen sie immer wieder in die Aggressivität, in Verleumdungen, in missbrauchte Macht und ins Hinausekeln etc.

Menschen, die sich nicht auf Kosten ihrer menschlichen Qualität, ihrer reflektierten Lebensweise, ihrer Gesundheit und ihrer Seele anpassen, werden hinausgeekelt, von anderen gemieden oder belächelt, man redet schlecht über sie oder intrigiert. Dies wird in der Überflussgesellschaft begünstigt.

Die unreflektierten, konfliktunfähigen Kollegen von Jasmin, der Direktor und die Beratungslehrerin hatten keine Hemmungen, Verleumdungen auszusprechen, aber vor der Wahrheit schreckten sie zurück und projizierten ihr gelebtes Leben wie sie selbst waren, aus Angst sich mit sich selbst konfrontieren zu müssen, auf Jasmin, die ihnen das Gegenteilige vorlebte.

Mit einem Supervisor und Psychotherapeuten reflektierter Teil 2

Von der evolutionären Betrachtungsweise her gesehen, haben die Kollegen von Jasmin in der Organisation „Spiele in einer primitiven Form" gelebt.

Das heißt: Geistig wenig entwickelt, vorwiegend Einsatz von Positionsmacht, verbaler Gewalt und unbegründeten Verboten. Im Vergleich dazu gibt es in anderen Systemen sehr wohl kollegiale Gespräche und Schulleiter, die auch ihre Schattenanteile und Schwächen zugeben.

Jasmin passte in diese Lehrergemeinschaft nicht hinein, da sie andere Erfahrungen hatte, mehr Durchblick hatte und reflektierter lebte, die Abläufe mehr durchschaute und nicht mehr bereit war, diese primitiven Spielchen mitzumachen. Sie grenzte sich von der herrschenden Kultur ab und wurde dadurch zum Außenseiter.

Beispiel: Nach den Konferenzen ging das Lehrerkollegium zum Heurigen. Immer wenn ein Kollege vom Heurigen nach Hause fuhr oder nicht mitging, wurde über ihn geschimpft und gelacht. Jasmin konnte über ihr Ego liebevoll lachen und reden, aber nicht mehr über andere. Da sie diese Art des Zusammensitzens nicht in ihrer reflektierten Lebensweise unterstützte, es auch nicht sinnvoll fand, ging sie zu diesen Nachkonferenzen kaum mehr mit. Jasmin wurde dann vorgeworfen, dass sie nicht kollegial war, weil sie bei den Nachkonferenzen nicht mehr mitging. Die Nachkonferenzen hatten nichts mit Kollegialität zu tun. Jasmin nahm alle Kollegen ernst, respektierte sie, arbeitete fließend, sowie fächerübergreifend mit den Kollegen zusammen und enthielt sich des Tratsches.

Sie sprach dann Kollegen Maier, den Führer des bösen Tratsches, direkt darauf an, dass sie es nicht in Ordnung fände, wie er die

Kollegen zuerst hinterrücks ausrichtete und am darauf folgenden Vormittag besonders freundlich zu ihnen war. Durch diese Direktheit hob sie natürlich seine Schattenanteile hoch, die er durch weitere Intrigen wieder unterdrückte. Viele Kollegen - gemeinsam mit der Schulleitung - richteten sich nach seiner Meinung und plapperten sie nach.

Es ist wichtiger dem Ganzen anzugehören, als der eigenen Wahrnehmung zu vertrauen. Das heißt, dass Erwachsene, Schüler und Jugendliche oft gegen die Wahrnehmung entscheiden, damit sie dazugehören (siehe X Klasse und Y Klasse). Wenn also in einer Gruppe absichtlich das Falsche gesagt wird, sagen die meisten Schüler, Jugendlichen oder Erwachsenen das Falsche nach, um nicht aus der Rolle, aus der Gruppe herauszufallen. Dies wurde in sozialpsychologischen Experimenten bewiesen. Es geschieht unbewusst, unreflektiert. Es schafft Geschlossenheit, wenn man eine gemeinsame Meinung hat, ob es falsch oder richtig ist, ist in der unreflektierten Welt egal. Die Kraft der Geschlossenheit zerfällt, wenn die Gruppe nicht mehr ist.

In Jasmins Schule spiegelt sich diese Kraft im Konferenzzimmer und in vielen Klassenzimmer.

Wenn man ein System betrachtet, so gibt es gutlaufende Prozesse und schlechtlaufende Prozesse. Gut und schlecht heißt in diesem Fall, dass man Ziele erreicht, die förderlich oder nicht förderlich sind. Das Zuschreiben von Problemen auf einzelne Systemmit-glieder bewirkt, dass das Problem verstärkt wird, da das Problem keine Eigenschaft einer Person ist, sondern die Eigenschaft von Prozessen und Kommunikationsabläufen.

Weitere Fallbeispiele

Pünktlichkeit schätzte Jasmin sehr, doch eines Morgens sprang ihr Wagen nicht an und sie kam um 8 Minuten zu spät in die Schule. Der Unterricht hatte jedoch noch nicht begonnen. Der Direktor erwartete Jasmin bereits in der Eingangshalle und machte sie mit einer Aggressivität, die sie privat zuvor noch von niemanden zu verspüren bekommen hatte, nieder und obwohl sie sich nach der Unterrichtsstunde entschuldigte, kam ihr nur Hass entgegen. Später behauptete der Schulleiterer, Jasmin hätte ihn angeschrien und nicht umgekehrt.

Hinter ihrem Rücken behauptete er beständig das Gegenteilige, wobei der Bezirksschulrat und die Personalvertretung die missbrauchende Macht unterstützten. Sie bekam nie eine faire, gemeinsame Konfrontation.

Nach einem Elternsprechtag wurde Jasmin vom Direktor in die Kanzlei geholt und angeschnauzt, da die Mutter einer Schülerin der dritten Leistungsgruppe in Englisch sich über Jasmin beklagt hatte. Einerseits wegen ihrer angeblich schlechten Erklärungen, andererseits, weil man nie wisse, was zur Schularbeit käme. Jasmin erwiderte, dass dies nicht möglich sein konnte, da fast alle Eltern dieser dritten Leistungsgruppe gerade bei ihr waren und sich für ihre einfachen, klaren Erklärungen sowie für die klaren Aufstellungen des Schularbeitsstoffes bedankt hatten. Darauf hin bat Jasmin den Direktor, ihr den Namen der Mutter zu nennen. Er entzog sich ihrer berechtigen Bitte mit der Behauptung, wenn er den Namen nenne, würde sie den Schüler ungerecht behandeln.

Jasmin war sich sicher, wenn sie für diese Englischgruppe einen außerordentlichen Elternabend durchgesetzt hätte, wären die

Vorwürfe gegenstandslos geworden.
Um nicht die anhaltenden Schikanen zu verstärken, unterließ sie es. Ihr war aber auch klar, dass Schikanen gegen einen Lehrer eine Ablenkung von den wirklichen eigenen Problemen des Direktors waren.

Wer nicht zu seinen Beschwerden steht, soll sie auch nicht aussprechen. Jeder Direktor sollte jede Beschwerde offen oder gar nicht behandeln. Eine Lösung von Problemen wird verhindert, wenn hinter dem Rücken des Lehrers die Beschwerde beredet wird. Der Konflikt wird dadurch bestärkt und eine kreative Konfliktlösung wird nicht ermöglicht.

Diese Schule war nicht Jasmins erste Schule. Ihre Unterrichtsstunden wurden öfters vom Direktor hospitiert und der Unterricht wurde anschließend reflektiert. Sie kann sich noch an ihr erstes Dienstjahr erinnern, wo der Direktor mehrmals ihren Unterricht hospitierte. Sie sprachen danach stets über die jeweilige Unterrichtseinheit, der Direktor hob immer das Positive hervor, war zufrieden und gab ihr Rat und Impulse, ohne ihr dies aufzudrängen.
In ihrer letzten Schule hospitierte der Direktor auch Jasmins Unterricht, jedoch gab er ihr nie die Möglichkeit mit ihm darüber zu reflektieren und die hospitierte Stunde zu besprechen. So hatte der Direktor Narrenfreiheit und konnte hinterrücks irgendwelche Geschichten über Jasmins Unterricht erzählen. Er tat es auch. Obwohl Jasmin in dieser Schule sehr engagiert als Lehrer tätig war, wie Einführung und konstante Organisation eines Unterrichtes von Nativespeakern für alle Englischlehrer, English Coffeeshop mit Nativespeakern, Montessorimaterial im Englischunterricht,

Teamteaching, fächerübergreifende Projekte in Englisch, Geographie, Deutsch, Zeichnen, Informatik und Geschichte, viele freiwillige, unbezahlte Nachmittagshospitationsstunden in Informatik, damit sie diesen Gegenstand unterrichten konnte usw. zeigen. Und dennoch behauptete der Direktor das Gegenteilige, laut des offiziellen Vertreters des Bezirksschulrates.

Direktoren, Inspektoren, und Personalvertreter sollten in ihrer Funktion nicht die Möglichkeit haben irgendwelche Behauptungen hinterrücks über einen Kollegen aufzustellen ohne sofortige gemeinsame Konfrontation. Dadurch entfallen viele Verleumdungen, Missverständnisse, Schikanen und Intrigen. Wir leben nicht im Mittelalter, sondern im Wassermannzeitalter einer beständigen Transformation, die mit einer inneren positiven Wandlung jedes Einzelnen verbunden ist.

Wenn der Leiter im Lehrkörper Intrigen wahrnimmt, sollte er den Intriganten mit dem „Opfer" sofort konfrontieren, damit die Intrigen keinen beständigen Nährboden mehr erhalten oder er holt einen außenstehenden Supervisor in die Schule und überdeckt nicht alles, indem er verlangt, dass alle z.B. in das Gasthaus mitgehen. Im Gasthaus werden keine Intrigen aufgelöst! Anders kann die gemeinsame zwischenmenschliche, pädagogische Arbeit nicht fließen. Wir tragen unsere Lebensweise in das Klassenzimmer.

Reflektiert, neutral nochmals betrachtet, haben Kollegen, Direktoren oder Inspektoren, die Intrigen oder Verleumdungen gegenüber Mitmenschen leben, oder abwertend hinterrücks Kollegen bewerten, keinen natürlichen Selbstwert, sondern zeigen uns wie minderwertig sie sich selbst fühlen. Sie missbrauchen ihre Mitmenschen für eine Kompensierung, damit sie mit ihren eigenen Schatten nicht in Berührung kommen müssen.

Auch ich habe mehrere Intrigen gegen mich erlebt. Der letzten Intrige konnte ich sehr bewusst begegnen. Ich spürte Mitgefühl mit jener Kollegin, die diese Intrige gegen mich laufen ließ. Auf der einen Seite nahm ich ihre Minderwertigkeit wahr, sowie ihre Projektion und auf der anderen Seite meinen natürlichen Selbstwert, der sich im Laufe meiner inneren Aufarbeitung entwickelt hat. Die Kollegen konnten meine gelassene Reaktion nicht fassen, da sie der Meinung waren, ich müsste Rache ausüben. Dass Rezept ist „einfach." Ich bin von der *„Opferrolle"* ausgestiegen. Intrigen haben keine Wirkung mehr auf mich und dafür bin ich dankbar.

Direktoren werden nicht Direktoren, weil sie pädagogisch, psychologisch, menschlich, therapeutisch oder fachlich sehr gute Kompetenz aufweisen können, es ist leider eine rein politische Angelegenheit.
Jasmin war selbst mehrere Jahre Personalvertreterin und erfuhr dadurch hautnah, unter welchen Aspekten Direktoren Direktoren und Inspektoren Inspektoren werden. Alle Personalvertreter mit denen Jasmin zusammengearbeitet hat sind Direktoren oder Bezirksschulinspektoren geworden. Lehrer, die sich in die Politik begeben, tun das meistens aus eigennützigen Motiven, um ihre Stellung zu verbessern und Einfluss zu gewinnen. Direktoren bzw. Inspektoren haben im Pflichtschulbereich nicht mehr Prüfungen als ein Pflichtschullehrer.
Bevor ein Lehrer zum Direktor ernannt wird, muss jeder Bewerber ein psychologisches Hearing in Anspruch nehmen. Auch wenn ein Lehrer beim Hearing gut abschneidet, heißt es nicht, dass er seine unbewussten, destruktiven Verhaltensmuster nicht mehr leben wird.

Aus welcher Sichtweise kann man dann einem Direktor oder Inspektor den Auftrag geben, Kollegen zu beurteilen?

Von heut auf morgen kann ein „guter Lehrer“ zum „schlechten Lehrer“ beurteilt werden und ein „schlechter Lehrer“ zum „guten Lehrer“, ohne Beweise oder ohne faire Konfrontation. Die Beurteilung hängt davon ab, welche Intrigen, Verleumdungen gerade gegen diesen Lehrer laufen.

Viele Direktoren bzw. Inspektoren haben ihre negative innere Geschichte nicht aufgearbeitet und leben dadurch ihre Unzulänglichkeiten in vollen Zügen aus. Es gibt Ausnahmen wie in jedem Berufsbereich. Wäre die negative innere Geschichte jedes Einzelnen zum Teil aufgearbeitet, würden solche Tatsachen, die ich niederschrieb, nicht in der Schule vorkommen.

Je mehr wir unsere Schattenanteile ins Licht gebracht haben, je mehr wir unsere Kindheit aufgearbeitet haben, desto klarer können wir sehen, wahrnehmen. Begrabene und unterdrückte Gefühle und Gedanken erzeugen eine negative Energie, die sich in Misstrauen und destruktiven zwischenmenschlichen Konflikten- und in einem unerfüllten Leben ausdrückt.

Es ist auch nicht angebracht, wenn Leiter oder Personalvertreter der Meinung sind, dass sie nicht dafür sind wenn Junglehrer versetzt werden. Reflektiert ist es wichtig, dass es eine Versetzungsrichtlinie gibt, sonst gibt es nur Willkürentscheidungen in der unaufgearbeiteten Welt. Ein Direktor kann diese Aussage locker aussprechen, da er nicht versetzt werden kann. Auch Personalvertreter werden nicht versetzt. Ausnahmen wird es geben, aber im Allgemeinen werden diese nicht versetzt.

Es wäre sinnvoller, wenn sich das Unterrichtsministerium und der

Landesschulrat die Kompetenz eines Inspektors bzw. Direktors auf einer reflektierten Ebene nochmals betrachtet und verändert. Schuldirektoren und Schulinspektoren sollte nicht soviel Macht über die Lehrer gegeben werden. Viele Direktoren bzw. Inspektoren können durch ihre unbewusste und unaufgearbeitete Geschichte nicht reif genug damit umgehen.
Ärzte, Therapeuten oder Rechtsanwälte, die regelmäßig mit Menschen zusammenarbeiten, werden auch nicht beurteilt, sondern sie werden in ihrer Kompetenz als mündige Menschen behandelt.
Kein Lehrer würde sich wehren, wenn eine gewisse Anzahl von Fortbildungen sowie kostenlose Supervisionsstunden verpflichtend wären, wie es von den Therapeuten verlangt wird. Die subjektiven Beurteilungen und Willkürentscheidungen sollten jedoch aufgehoben werden.

Inspektoren bzw. Schulleiter können dem Lehrer nicht vorschreiben, was er im Unterrichtsstoff verlangen darf und wie er zu unterrichten hat. Der Lehrer kennt den Lehrplan und die Schüler in ihren Fähigkeiten und in ihrem Tempo. Inspektoren oder Direktoren kommen ein bis zweimal im Jahr für eine Stunde in den Unterricht, meistens unangemeldet. Der Lehrer kann keine Show der Methodik und Didaktik für den Inspektor oder Direktor spielen, sondern er hat auf die Bedürfnisse der Schüler einzugehen und nicht auf die subjektiven Methodikbedürfnisse eines Inspektors oder Direktors.
Es ist sicherlich hilfreich durch offene Gespräche mit Kollegen, Direktoren, Inspektoren sich gegenseitig Impulse zu geben, doch jeder einzelne Lehrer hat das Recht aus seiner Kompetenz heraus, allein zu entscheiden, wie er den Unterricht gestaltet, da jeder seine speziellen Fähigkeiten, Erfahrungen, Ausbildungen, Fortbil-

dungen hat. Es steht aber auch keinem Lehrer zu, einen anderen Lehrerkollegen in seiner Unterrichtsweise zu beurteilen und ihn hinterrücks auszurichten.

Direktoren bzw. Inspektoren können bewerten, welcher Lehrer die meiste oder mehr Leistung bringt als Kollege XY. Dies ist sehr subjektiv und meist mit vielen unaufgearbeiteten Emotionen verbunden. Außerdem sollten dann Direktoren und Inspektoren jeden Tag alle Lehrer hospitieren, damit diese beurteilende, unterschiedliche Leistung eine kleine Berechtigung findet.
Sie müssten dann in allen Gegenständen geprüft sein und selbst regelmäßig, mit voller Lehrverpflichtung und viel Vorbereitungsmaterial, wobei ich auch Montessorimaterial dazuzähle, unterrichten. Es wäre angebracht, den Lehrern mehr Vertrauen entgegenzubringen und sie als mündige Menschen mit Respekt und Würde zu behandeln.

Als Lehrer habe ich festgestellt, dass die pädagogischen, psychologischen, therapeutischen Worte, die von einem Direktor oder Inspektor kommen, oft nur leere Worte sind, aber nicht verwirklicht werden. Gegen Reden in der Öffentlichkeit ist nichts einzuwenden, wenn nur die Praxis nicht ausbliebe. Solange dieser Missstand nicht behoben ist, wird der Wert von Erziehung und wirklicher Bildung nicht offenbar. Rost und Staub müssen von dem Eisen entfernt werden, damit der Magnet es anziehen kann. Der geläuterte Geist (engl. mind) wird dann dem Wort des Dichters entsprechen:
„Das Kennzeichen einer großen Seele ist die Einheit von Gedanken, Wort und Tat." Die Übereinstimmung dieser drei ist der beste Maßstab für den Wert eines Menschen.
Diese wichtige Tatsache wird jedoch heute nicht anerkannt, denn

man ist sich der Notwendigkeit wirklicher Herzensbildung nicht bewusst.

> Nur das wirklich Gelebte wird von unseren Kindern, Schülern aufgenommen und gelebt. Pädagogische, psychologische Erziehungsmaßnahmen, die von den Eltern, Lehrern, Direktoren und Inspektoren nicht wahrhaftig selbst gelebt werden, haben keine Wirkung auf unsere Kinder, Schüler bzw. Studenten.

Jasmin wurde öfters in die Kanzlei geholt in Anwesenheit einer Kollegin oder eines Kollegen, die hinter dem Direktor standen, ihm nach dem Mund redeten, für ihn funktionierten und dadurch alle Privilegien hatten.

Der Direktor hatte nicht die Fairness, mit ihr alleine ein menschliches Gespräch zu führen, er war immer aggressiv in seiner Anklage. Er verlangte jedes Mal, dass sie sich schuldig fühle, ja sich selbst beschuldige. Er verlangte von ihr eine völlige Selbstzerstörung. Sie konnte dieses lebensbehindernde Schauspiel mit ihm nicht spielen, das machte ihn immer sehr wütend und so versuchte er, mit allen Mitteln seine missbrauchte Macht einzusetzen. Er verwendete dazu Eltern, Schüler, Kollegen, Inspektoren, andere Schuldirektoren und Personalvertreter. Die meisten ließen sich benützen, da sie sich durch ihre funktionierende Bereitschaft geliebt und anerkannt fühlten . Sie reflektierten die Forderungen nicht.

Während der verschiedenen Kanzleibesprechungen schnitt er Jasmin immer das Wort ab und nannte sie Lügnerin. Er beharrte stets auf seiner negativen, destruktiven Vision. Ihm war nicht bewusst, dass seine destruktive Vision, seine Gedanken gegenü-

ber Jasmin, nichts mit Jasmin zu tun hatten. Er projizierte beständig auf Jasmin. Er warf ihr Dinge vor, die er angeblich von einem anderen Direktor bzw. einem Inspektor erfahren hätte. Bei ihrer selbstverständlichen darauf folgenden Konfrontation mit diesen beiden versicherten sie ihr, dies nie gesagt zu haben.
Nach den Kanzleibesprechungen hatte Jasmin zu unterrichten und die betreffenden Klassen wussten bereits, dass sie vom Direktor wieder niedergemacht worden war. Der Direktor zerstörte beständig gemeinsam mit Lehrerkollegen ihre Autorität als Lehrer.
Bei einer Kanzleibesprechung wurde ihr dann auch verboten, bestimmte Eltern im Schulhaus zu begrüßen und mit ihnen zu sprechen. Tat sie es dennoch, wurde sie gezwungen, jedes Wort wiederzugeben. Dies ist einerseits eine lächerliche Geste, die andererseits jeglicher rechtlichen Grundlage entbehrt!
Bei jeder Kanzleibesprechung wurde ein Protokoll geführt, das Jasmin jedoch nie zu Gesicht bekam, der anwesende Kollege unterschrieb aber das Protokoll. „Geheime Aktenführung" sollte verboten werden und darf nicht als behördeninterne Bagatellsache behandelt werden. Ohne Kenntnis des Betroffenen dürfen keine Schriftstücke in den Personalakt aufgenommen werden. Bevor das Schriftstück in diesen kommt, muss der betroffene Kollege das Schriftstück unterschreiben, damit Mobbing und Schikanen verhindert werden.

Lange Zeit unterrichtete Jasmin eine sehr schwache Schülerin in der zweiten Leistungsgruppe in Englisch. Erst als es wirklich nicht mehr ging, gab sie ihren Eltern in der 3. Klasse bekannt, dass ihre Tochter in die dritte Leistungsgruppe abgestuft werde.
Hinter ihrem Rücken ging die Mutter zum Direktor. Dieser holte

Jasmin nicht in die Kanzlei, damit sie gemeinsam diesen Fall besprachen, sondern kam danach zu Jasmin und zwang sie diese Schülerin in der zweiten Leistungsgruppe zu behalten. Als Jasmin ihre Entscheidung begründete, wurde sie nur angeschnauzt.
Die Schüler dieser Englischgruppe reagierten auf den Umstand, dass das Mädchen in der zweiten Leistungsgruppe blieb, sehr emotional. Sie meinten: „Ab nun brauchen wir für Englisch nichts mehr tun, da wir ohnedies nicht abgestuft werden können, wenn wir zum Direktor gehen."

Ein anderes Mal kam die Beratungslehrerin eine Minute vor dem Maschinschreibunterricht zu der Lehrerin Renate N. und erklärte ihr, dass sie jetzt einen bestimmten Schüler vom Unterricht herausnehme. Renate bat sie, den Schüler erst in der zweiten Hälfte des Unterrichtes zu holen, da sie am Beginn der Einheit ein Diktat gäbe und es den Schülern bereits versprochen habe, das Diktat am Beginn durchzuführen. Die Beratungslehrerin wurde emotional und meinte, dass Renate ohnedies im Unterricht nichts tue und sie das Recht habe, zu jeder Zeit Schüler von ihrem Unterricht herauszunehmen. Sie nahm also den Schüler mit und Renate musste ihm danach ein neues Diktat geben. Der Rest dieser Klasse war sehr aufgebracht, da die Kinder es als ungerecht empfanden.

Der Lehrer ist der „Schuldige“

Wenn der Schüler mit dem Lehrer nicht kann und Schwierigkeiten hat, ist es die Unzulänglichkeit des Lehrers. Mit dieser Aussage einer Beratungslehrerin kam eine Kollegin in meine Praxis. Für jeden Elternteil und Schüler ist es toll und praktisch, wenn der Lehrer als Schuldiger angeklagt wird. Dadurch brauchen sich Eltern wie Schüler mit ihren eigenen Schattenanteilen nicht konfrontieren.

Als außenstehender Therapeut ist es nicht meine Aufgabe, einen Schuldigen in der Außenwelt zu suchen. Der Betreffende hat dadurch keine innere Problemlösung. Er wird immer wieder mit der gleichen Problematik konfrontiert, solange er den Spiegel bzw. Schattenanteil nicht erkennt und in Harmonie bringt.

Eine Volksschullehrerin kam zu mir in die Praxis mit der Aussage: „Die Beratungslehrerin erklärt Eltern, dass sie alle inneren Probleme ihrer Kinder löst.“

Kein Psychotherapeut wird sagen, dass er die innere Problematik des Betreffenden auflöst. Ein Therapeut kann ein Werkzeug zur Verfügung stellen, um besser an den Ursprung des Problems heranzukommen und der Klient bestimmt seinen inneren Heilungsprozess. Wenn der Klient nicht bereit ist, nützt die beste Technik und der berühmteste Therapeut nichts. Während ich das psychotherapeutische Propädeutikum absolvierte, hatten wir auch Vorlesungen über die Medikamentenkunde. Der Arzt, der diese Vorlesung durchführte, erklärte, dass das Gleiche auch für die Wirkung von Medikamenten gelte. Wenn ein Patient zur Heilung nicht bereit ist, dann helfen die teuersten Medikamente und der beste Arzt nichts.

Die Schüler meiner Selbsterfahrungsgruppe erkannten bzw. erfuhren sehr rasch über den Atem und ihren Körper, wo das eigentliche Problem lag. Sie hatten dann nicht mehr das Bedürfnis einen Schuldigen in der Außenwelt zu suchen. Für die Jugendlichen war es jedoch schwer, diese Bewusstheit auch im Alltag zu integrieren, da ihnen ihr Umfeld das Gegenteilige vorlebte. Wenn der Schüler ein Problem mit einem Lehrer hat und von der Außenwelt Hilfe benötigt, damit er seine eigene innere Problematik leichter lösen kann, dann wäre es auch wichtig die Eltern einzubeziehen.
Wir haben keine menschliche Lösung in der Konfliktlösung Schule, wenn die Beratungslehrerin dem Lehrer die Schuld gibt, worüber sich tatsächlich Lehrer in meiner Praxis beklagen.
Das heißt:

Im Idealfall sollte ein außenstehender Therapeut oder Supervisor diese Problematik gemeinsam mit Eltern, Schülern und Lehrern beleuchten. Ohne Bewertung könnte der Therapeut die Unzulänglichkeiten des Einzelnen erkennbar machen und wenn jeder Teil, jede Kraft dieses Systems dazu bereit ist, könnte jeder Einzelne diese Schattenanteile in Harmonie bringen. Nur so können wir tiefer in unser Menschsein eindringen, uns selbst kennen lernen und wandeln. Nur so lösen sich Intrigen, böser Tratsch, Verleumdungen, Rufmorde auf. Jeder ist für sein Leben selbst verantwortlich und für die eigene Entwicklung, die sich wiederum in der Außenwelt spiegelt.

Eine andere Möglichkeit sehe ich darin, dass der betreffende Schüler (wenn die anderen Kräfte nicht bereit sind) mit einem außenstehenden Therapeuten seine eigene innere Problematik aus seinem eigenen Willen heraus erkennt und verändert. Der Schüler erhält

dadurch mehr Selbstwert und ist von den Reaktionen und Verhaltensweisen des Lehrers und der Außenwelt nicht mehr so abhängig. Das Verhalten des Lehrers stört ihn nicht mehr, da er den Spiegel in Harmonie gebracht hat. Der Schüler ist durchlässiger geworden. Es geht durch ihn durch, er hat keine Resonanz mehr.
Der Teufelskreislauf bleibt bestehen, wenn Beratungslehrer für Schüler, Eltern und Direktoren einen Schuldigen finden. Es gibt keinen Schuldigen. Jeder Spiegel hilft mir meine eigenen Unzulänglichkeiten, Schattenanteile zu erkennen. Ist mir dieser Spiegel bewusst, habe ich die Möglichkeit diesen Teil in Harmonie zu bringen.

Ein Hauptschullehrer kam zu mir in die Praxis und bat mich um Rat, bzw. Hilfe, damit auch er seinen Anteil erkennt.
- Seine Schüler machen sich mit der Beratungslehrerin aus, in welcher Unterrichtsstunde sie abgeholt werden möchten. Laut Kollegen werden die Schüler von jener Unterrichtsstunde geholt, wo sie nicht teilnehmen wollen. Anschließend jedoch machen sich die Schüler am Gang über die Beratungslehrerin lustig, da man ihr alle Geschichten erzählen kann und sie es nicht einmal merkt, wenn der Schüler sich verstellt. Sie gäben auch von sich, dass sie jetzt eine Freistunde, Spielstunde, Gaudistunde mit der Beratungslehrerin hätten.
Für den Kollegen war es dann immer wieder schwierig von den betreffenden Schülern das Versäumte (Schulübung, Unterrichtsstoff, Hausübung) nachgeholt zu erhalten. Die Beratungslehrerin kümmerte sich nicht darum. Schüler beklagten sich bei der Beratungslehrerin über den Kollegen, wobei er nicht damit konfrontiert wurde, sondern die Beratungslehrerin besprach die von den Schülern erzählten Geschichten mit dem Direktor, dem Klassen-

vorstand, den Eltern und mit einigen Lehrerkollegen, die es nicht betraf. Der Kollege erhielt dann immer wieder Vorwürfe, mit denen er nichts anfangen konnte.
Da kann ja nur Tratsch, Klatsch und Quatsch herauskommen, jedoch keine faire, menschenwürdige, gemeinsame Lösung. Die Schüler werden dadurch unbewusst oder bewusst bestärkt, Lehrer auszutricksen.

Die Mutter einer ehemaligen Schülerin kam zu mir in die Praxis. Sie stand kurz vor ihrer Scheidung.
Ihre Tochter war bei der Beratungslehrerin, die ihr folgendes erklärte: „Männer mögen nur selbstbewusste Frauen und lassen sich von minderwertigen Frauen scheiden." Die Schülerin erzählte dies ihrer Mutter, die sich durch diese Aussage verletzt fühlte. Die Beratungslehrerin gab der Schülerin für die Mutter Affirmationen mit (negative, sowie positive).
Kein Therapeut würde andere Personen mittherapieren, die nicht in seiner Praxis anwesend sind und darum bitten.
Für die Mutter war dies eine Grenzüberschreitung, die sie dann in meiner Praxis aufarbeitete.

Eine Schülerin kam mit den Worten zu der Lehrerin Renate L., dass die Beratungslehrerin ihr vorschlägt, auf die Schularbeitsunterschrift solange zu warten, bis die Schülerin bereit sei, ihr „Nicht Genügend" von den Eltern unterschreiben zu lassen.
Als Pflichtschullehrer ist es aber Renate L.´s Aufgabe, alle Schularbeitsunterschriften nach der Verbesserung zu kontrollieren und sie kann dabei keine Ausnahmen machen. Bei der nächsten Schularbeit wollen zwei weitere Schüler ihr „Nicht Genügend" nicht

unterschreiben lassen.
Renate kam dann am nächsten Tag eine Stunde früher in die Schule und führte mit den Eltern und der besagten Schülerin ein Gespräch bis beidseitig das „Nicht Genügend" akzeptiert werden konnte. Die Mutter erkannte, dass ihre Tochter auch mit einem „Nicht Genügend" okay war, sowie dass auch sie selbst früher Schularbeiten schreiben musste, auf diese sie auch ein „Nicht genügend" erhalten hatte und dass sie ebenfalls Perioden erlebte, wo sie keine Lust zu lernen hatte.
Die beste Freundin der Schülerin war bei diesem Gespräch dabei und sie besprachen dann, wann und wie die beiden gemeinsam für die Englischschularbeit üben könnten.

Jasmin und der Stundenplan

Wie Jasmin in diese Schule kam, wurde bereits beschrieben. Im Juni 1995 stellte sie sich als Geographie- und Englischlehrer vor. Eine um neun Jahre jüngere Kollegin, Frau Emmer, mit den Fächern Englisch und Biologie, wurde der Schule im selben Jahr als Reserve zugeteilt. Jasmin erhielt diese Information vom offiziellen Vertreter des Bezirksschulrates.
Frau Emmer konnte dann für ihre Fächer richtig eingesetzt werden, da ein dienstälterer Kollege freiwillig nochmals in die Reserve ging.
Im September 1995 wurden dann die Stunden aufgeteilt. Obwohl der Kollege Maier vier Englischklassen hatte, war er nicht bereit, Jasmin eine dritte Englischklasse abzutreten. Eine gleichaltrige Kollegin wiederum war ebenfalls nicht bereit, auf eine Englischklasse zu verzichten, da sie die Unbequemlichkeit des Turnunter-

richtes, der vor allem nachmittags stattfand, nicht in Kauf nehmen wollte. So wurde dieser Jasmin zugeschoben und ihr Stundenplan sah dementsprechend zerstückelt aus, denn Sie musste den ganzen Tag über in der Schule anwesend sein.
Das darauf folgende Jahr sicherte sich Frau Emmer, die ja eigentlich als Reserve vorgesehen war, hinter Jasmins Rücken bereits ihre Englischklassen und alle anderen Englischlehrer taten dasselbe. Sie hatte daher 3 Turnklassen (Jasmin war nicht in Turnen geprüft) im zweiten Schuljahr an dieser Schule zu nehmen, sowie Maschinschreiben, da der gleichaltrige Kollege und die gleichaltrige Kollegin nicht bereit waren, Maschinschreiben und Turnen zu unterrichten. Der gleichaltrige Kollege bestand als nicht geprüfter Geograph auf zwei Geographiestunden, die er als Überstunden angerechnet bekam. Jasmin als geprüfte Geographielehrerin musste also auf diese Stunden verzichten und Turnen unterrichten.
Obwohl sie auch um Überstunden bat, bekam sie keine. Der Personalvertreter, der eigentlich der dienstjüngste Kollege war, bekam dafür die meisten Überstunden. Der Direktor stellte dann fest, dass Jasmin den schlechtesten Stundenplan hatte. Aber auch im vergangenen Schuljahr war der Stundenplan auch nicht viel anders gewesen.
Im dritten Dienstjahr bestimmte wieder die neun Jahre jüngere Kollegin Frau Emmer hinter Jasmins Rücken über ihre Stundenaufteilung. Jasmin ging gerade zufällig bei der Direktion vorbei und hörte, wie sie gerade wieder über Jasmins Stunden delegierte. Sie setzte sich immer hinter ihrem Rücken gegen Jasmin durch. Es kam nie zu einer fairen gemeinsamen Besprechung oder Stundenaufteilung mit den anderen Englischlehrern.
Im vierten Jahr wurde Jasmin wieder von Kollege Maier ausge-

trickst. Sie sprach ihn direkt darauf an, worauf er sie sehr aggressiv stehen ließ und ab diesem Zeitpunkt nichts mehr mit ihr sprach. Er richtete sie aber dafür hinterrücks bei den Kollegen aus und ließ gegen sie Intrigen laufen. In diesem Jahr hatte sie dann wieder die meisten Lücken und Nachmittagsunterricht. Jasmin hatte auch Zeichnen, Informatik und Maschinschreiben zu unterrichten. Eine nicht in Geographie geprüfte Kollegin bekam ihre Geographiestunden, weil diese darauf bestanden hatte. Sie war nicht dazu zu überreden, Zeichnen oder Geschichte zu unterrichten. Es war jene Kollegin, die Jasmin beständig mit ihrer X-Klasse schlecht gemacht hatte. Jasmin fand heraus, dass mehrere Kollegen unbedingt Geographie unterrichten wollten, obwohl sie dafür gar nicht ausgebildet waren, weil diese Stunden stets vormittags angesetzt waren. Deswegen wurde sie als geprüfte Geographin zur Seite gedrängt. Nun wurden plötzlich viele Turnstunden in die ersten Stunden verlegt, da bestimmte Kolleginnen nicht bereit waren, einen Nachmittagsunterricht zu halten und schon gar nicht viele Lücken akzeptierten.

Da Jasmin keinen Computer zu Hause hatte, nutzte sie jede Freistunde und Pause, um im Imformatikraum zu üben. Ihr wurde dann von Kollegen emotional vorgeworfen, dass sie sich kaum mehr im Konferenzzimmer aufhalte. Andererseits war aber keine Kollegin, die einen Computer zu Hause hatte, bereit, Informatik zu unterrichten.

Jasmins Kritik war dann, dass sie nicht mehr einsehe, dass bestimmte Kolleginnen oder Kollegen nie Nachmittagsunterricht hätten und nur ein bis drei Lücken im Stundenplan. Eine Kollegin hatte sogar in der Konferenz die Aussage gemacht, sie sei nicht bereit eine sechste Stunde zu unterrichten, d.h. bis $13^{h}10$ zu arbeiten. Zwei Jahre ging ihr dies durch und als sie im darauf folgenden Schuljahr eine sechste Stunde erhielt, jammerte sie beständig, obwohl Sie ohnedies keinen Nachmittagsunterricht hatte. Die Kollegin war um zwei Jahre älter als Jasmin. Der dienstjüngere Personalvertreter hatte es sich sogar soweit „gerichtet“, dass er trotz voller Lehrverpflichtung zwei freie Tage hatte. So schienen die Stunden nie aus pädagogischen oder fairen Gesichtspunkten aufgeteilt zu werden. Was zählte, war einzig und allein die Stellung im Lehrkörper und die sog. „Freunderlwirtschaft“. Jasmin, die die Angewohnheit hatte, nicht von hinten herum ihre Interessen durchzusetzen, sondern von dem Ideal einer klaren und fairen Aussprache geleitet war, musste beständig den schlechtesten Stundenplan in Kauf nehmen.

Frau Obers und die Junglehrer

Eine andere Kollegin, Frau Obers - wiederum in Englisch und Geographie geprüft, wurde noch mit über 40 in eine andere Schule versetzt.

In der neuen Schule wurde sie gezwungen, in die Reserve zu gehen, obwohl sie schon sehr oft in der Reserve tätig gewesen war. Die Schulleitung vermerkte dazu nur knapp, wenn sie nicht in die Reserve gehe, habe sie von vornherein alle Kollegen gegen sich. Und im Übrigen suche sich die Schulleitung ihre Lehrkräfte selber aus.

In dieser Schule gab es 9 geprüfte Mathematiklehrer, 5 Englischlehrer (wobei zwei Englischlehrer eine halbe Lehrverpflichtung hatten), und 8 Deutschlehrer. Eine Englischkollegin war bereits gegangen, als Frau Obers in diese Schule kam.

So bekam eine 10 Jahre jüngere Kollegin, Frau Alt und nicht geprüfte Englischlehrerin, ihre Englischstunden. Ein ungeprüfter Mathematiker 2 Mathematikklassen (obwohl Frau Alt in Mathematik geprüft ist) und der Schulvertrauensmann erhielt 5 Geographieklassen.

Die Personalvertretung erklärte dann Frau Obers, wenn sie nicht eine halbe Lehrverpflichtung im nächsten Schuljahr nehmen werde, würde sie jene Stunden erhalten, die keiner unterrichten wolle. Sie betonte auch, dass sie als geprüfte Geographin keine Geographieklassen erhalten werde. Die Personalvertretung bezweckte mit dieser Drohung, dass sich Lehrer über 40 für eine halbe Lehrverpflichtung entschließen sollten, damit die Posten der Junglehrer abgesichert wären. Das hätte aber auch geheißen, dass sie auf einen Großteil ihres Gehaltes verzichten hätte sollen, um den Junglehrern entgegenzukommen.

Pikanterweise waren die Personalvertretung und der Schulvertrauensmann selbst jedoch nicht bereit, mit gutem Beispiel voranzugehen.

Die Personalvertretung erklärte Frau Obers auch noch, dass ein geprüfter Physiklehrer nicht mehr Physik unterrichten wolle und Frau Obers habe deshalb als Ungeprüfte diese Stunden zu übernehmen.

Im nächsten Schuljahr wurde Frau Obers außerdem gezwungen, nach 21 Dienstjahren Knabenwerken zu unterrichten, obwohl sie der Leitung mitgeteilt hatte, dass sie den Schülern keine Hilfe anbieten könne.

Fast jeder Mann kann mit technischen Werkzeugen umgehen, umso verwunderlicher ist es, dass ausgerechnet eine weibliche Lehrkraft gezwungen wird, Knabenwerken zu unterrichten.

Frau Alt erklärte Frau Obers, dass sie Werken für Knaben nicht

unterrichten werde und bei ihr wurde dies völlig akzeptiert, sowie bei anderen Kollegen, die genug Erfahrung damit hatten. Der Schulvertrauensmann bestand auf seine Geographieklassen und war nicht bereit, fair zu teilen.
Eigentlich wäre es ja die Aufgabe der Schulleitung gewesen, um einen geprüften Werklehrer anzusuchen, falls es dafür keinen qualifizierten Kollegen gab.

Wen vertritt eigentlich die Personalvertretung? Seine persönlichen „Freunde?“ Die Leitung der Schule? Sich selbst? Den Bezirksschulrat? Den Zentralausschuss? Den Landesschulrat? Die Regierung? Warum wird jemand Personalvertreter oder Schulvertrauensmann? Damit er eine höhere Position erreicht? Damit er mehr Vorteile erhält? Damit er unbewusst seine Kompensierungen aufrechterhalten kann und dadurch seinen Schatten nicht ansehen braucht?

Mit einem Psychotherapeuten und Supervisor reflektierter Teil 3

Schon mit der ersten Aussage der Schulleitung, lässt er die lang erfahrene Kollegin wissen: „Du bist nicht erwünscht, ein Außenseiter und daher stellst du dich hinten an. Wenn du einen Platz willst, dann hast du dir dies zu erarbeiten." Sie bekam auch einen Außenseiterplatz im Konferenzzimmer zugewiesen. Sie wurde nicht in die Sitzrunde der Lehrer integriert, die Junglehrer jedoch schon.

Das System achtet nicht die Kompetenz oder die Qualifikation, sondern die Anpassung. Wir achten jenen, der sich nach unserer Vorstellung anpasst, aber nicht die Individualität.

Wenn die Kompetenz des Einzelnen von der Leitung und den Kollegen nicht geachtet und gefördert wird, hat dies eine unbewusste Auswirkung auf unsere Schüler. Das heißt: Der Schüler soll lernen zu funktionieren, sich anzupassen, jedoch seine eigenen Fähigkeiten, Qualifikationen und seine Individualität sollen sich nicht entwickeln. In dieser Lehrergruppe wird Konformität gefeiert. Unbewusst entsteht Druck, sich der Gruppennorm zu unterwerfen. Individualität, Einzigartigkeit, wird nicht akzeptiert. Es wird dadurch auch während Gesprächen mit verschiedenen Sichtweisen kein gegenseitiges respektvolles Akzeptieren gelebt. Sogar reflektierte pädagogische Handlungen werden aggressiv kommentiert und als Bedrohung empfunden.

Die Schulleitung hätte den Kollegen erklären müssen, dass sich eine neue Situation ergeben habe. Dass Frau Obers nicht von unten anfange und dass es daher notwendig wäre, die Stunden neu und fair aufzuteilen.

Die Personalvertretung ist in diesem Fall keine Personalvertretung, sondern sie übernimmt von außen von verschiedenen Distanzen Druck und reagiert nicht als sachlicher und fairer Vertreter. Auf einmal scheint sich alles umzudrehen und es sieht aus wie Betrug. Es erweckt den Anschein, als wären personalpolitische Entscheidungen in erster Linie von der Anzahl der zu gewinnenden Wählerstimmen abhängig. Viele jetzt 40-jährige Lehrer waren lange Jahre immer wieder in die Reserve gegangen, um sich hochzuarbeiten. Jetzt, wo sie ihren Posten, wie man ihnen früher versprochen hatte, verdient haben, sollten sie wieder zugunsten der Junglehrer verzichten.

Jasmin und die anonymen Briefe

An den Bezirksschulrat kamen anonyme Briefe über eine Beratungslehrerin. Diese hatte mehrere Schulen zu betreuen und kam drei- bis viermal monatlich in Jasmins Schule. Sie behauptete sofort, Jasmin hätte diese Briefe geschrieben. (Es war die gleiche Beratungslehrerin, die 1995 den Elternabend in der 1Y durchgeführt hatte.) Der Personalvertreter[37], ein noch nicht pragmatisierter Lehrer, der jedoch den Obmann der Personalvertretung und einen Direktorsposten anstrebte (mittlerweile ist er Obmann der Personalvertretung), stellte sich gemeinsam mit dem Direktor der Schule auf die Seite der Beratungslehrerin.

Ein Vertreter des Zentralausschusses bat den jungen Personalvertreter die Hände davon zu lassen, da dies nicht die Angelegenheit der Personalvertretung sei. Der Personalvertreter ließ sich jedoch nicht davon abbringen. Bevor Jasmin überhaupt von dieser Anschuldigung hörte, wurde die Angelegenheit bereits längere Zeit im Bezirksschulrat durchdiskutiert (ohne sachliche Beweise).

[37] Dieser Personalvertreter war der dienstjüngste Lehrer an dieser Schule, wobei man glauben könnte, er leitete seinen Autoritätsanspruch aus langjähriger Diensterfahrung her.

Diese Information bekam Jasmin von einem Personalvertreter des Zentralausschusses. Laut Kollegen holte dann der offizielle Vertreter des Bezirksschulrates hinter Jasmins Rücken von Kollegen, vor allem vom Kollegen Maier über Jasmin Erkundigungen ein, ohne faire gemeinsame Konfrontation.
Die Beratungslehrerin ließ nicht locker und so wurde Jasmin in die Kanzlei zitiert. Sie bat jedoch den Direktor, mit ihr vor allen Kollegen im Konferenzzimmer zu sprechen, da sie nicht mehr bereit wäre, sich von ihm menschenunwürdig behandeln zu lassen. Eine Stunde danach lag auf ihrem Platz im Konferenzzimmer eine schriftliche Aufforderung, dass sie in die Kanzlei kommen müsse. Dort saßen der junge Personalvertreter dieser Schule, der Kollege Maier, die Beratungslehrerin und der Direktor. Der offizielle Vertreter des Bezirksschulrates ließ sich entschuldigen. Die Beratungslehrerin warf Jasmin vor, dass sie die anonymen Briefe geschrieben hätte, und drohte ihr, dass sie - wenn Jasmin sich nicht innerhalb von zwei Tagen bei ihr schriftlich entschuldigen würde - gegen Jasmin gerichtlich vorgehen und sie auch über die Medien schlecht machen werde.
Die Beratungslehrerin wurde vom Personalvertreter, vom Direktor, dem offiziellen Vertreter des Bezirksschulrates und vom Kollegen Maier unterstützt, ohne sachliche Beweise in den Händen. Die Beratungslehrerin erwirkte tatsächlich ein Gerichtsverfahren gegen Jasmin, konnte aber natürlich keinerlei Beweise vorbringen. Ihr einziges Argument war, dass es Beweis genug wäre, wenn der Direktor von Jasmins Schule sagte, dass Jasmin eine Lügnerin sei. Sie erwähnte dann auch noch, dass Schüler von Jasmins Schule vor Gericht gegen Jasmin aussagen würden. Jasmin nahm an, dass die Schüler ihrer Schule bereits wussten, dass die Beratungslehrerin

mit ihr vor Gericht gehe. Die schriftlichen Aussagen der anonymen Briefe hat Jasmin oft innerhalb und außerhalb der Schule gehört. Obwohl sie aus der Gerichtsverhandlung unschuldig herausging, wurde Jasmin in ihrer Schule weiterhin beschuldigt. Ihr Rechtsanwalt schrieb daher einen sachlichen Brief an den Direktor und den Bezirksschulrat, in dem er lediglich darum bat, das vorhandene Gerichtsurteil auch zu respektieren. Von nun an wurden die Schikanen in ihrer Schule noch schlimmer.

Die „zweite Frau Direktor" fing Jasmin vor der Schule ab und fragte sie: „Mit welcher Anmaßung lässt du einen Rechtsanwaltsbrief schreiben, der so geschrieben ist, dass man dir nicht ankann? Wir sind jetzt alle gegen dich." Jasmin erwiderte: „Dieser Widerstand ist nicht mein Widerstand und den könnt ihr nur in euch selbst auflösen. Es ist euer eigener Schatten. Ich bin nicht im Widerstand mit euch, habe aber auch meine menschlichen Grenzen.
Der Direktor, sowie der Kollege Maier, die „zweite Frau Direktor" und der Klassenvorstand der ehemaligen 1X, hetzten alle Kollegen gegen Jasmin. Und die Mehrheit ließ sich auch gegen Jasmin aufhetzen. Sie erfuhr ab nun nur mehr Aggresivität und schlimmstes psychisches Mobbing.
Nachdem die Kollegen gegen Jasmin aufgehetzt worden waren, bat sie wie immer die Personalreserve, sie in einer bestimmten Klasse zu unterstützen. Zuerst wurde sie von der neuen Kollegin, der Personalreserve, niedergeschrien und dann erklärte sie Jasmin: „Eine Personalreserve kann selbst entscheiden, ob sie einen Lehrer unterstützt oder im Konferenzzimmer bleibt." Sie entschloss sich ab diesem Zeitpunkt, Jasmin nicht mehr zu unterstützen. Sie wurde mit ihrer Entscheidung vom Direktor unterstützt. Der

Bezirksschulrat wusste davon, doch es trat keine Veränderung ein. Die Beratungslehrerin grüßte Jasmin nach dem Gerichtsverfahren in der Schule nicht mehr und der Direktor verhielt sich ebenso. Die Mobber (Personalvertreter dieser Schule, Direktor, Beratungslehrerin, Herr Maier, Kollegin X, Y etc.) versuchten beständig das soziale Ansehen (Verleumdungen, erfolgreicher Rufmord, ungerechte Behandlung, Ignoranz ...) von Jasmin in den Augen der anderen Lehrer, der Schüler und Eltern herabzusetzen - mit dem Ziel der sozialen Isolierung.

Hiermit wurden die zukünftigen Möglichkeiten der Zusammenarbeit, der Unterstützung und des Zusammenseins mit anderen, sowie ihre ganze Autorität als Lehrer, untergraben. Jasmin bekam von niemanden eine soziale Unterstützung, obwohl der Bezirksschulrat, der Zentralausschuss und die Personalvertretung alles wussten.

Wenn sich der offizielle Vertreter des Bezirksschulrates für den Fall von Jasmin einige Supervisionsstunden genommen und Fachkräfte eingesetzt hätte, wäre dieser Fall bestimmt fairer, kreativer und menschlicher verlaufen. Nach den Supervisionsstunden hätte sich der Bezirksschulrat bestimmt keine hinterrücks, subjektiv gefärbten Erkundigungen eingeholt ohne faire gemeinsame Konfrontation. Die Mobber wurden dadurch vom Bezirksschulrat unbewusst oder bewusst bestärkt, weiterzumachen. Wenn man schon hinterrücks Informationen einholt, sollte eine nachfolgende gemeinsame Konfrontation selbstverständlich sein. Die Aussagen und Behauptungen würden in einem ganz anderen Licht erscheinen.

Die Obfrau der Personalvertretung unterstützte natürlich vor der Personalvertretungswahl die Masse, also alle anderen und den Direktor. Die missbrauchte Macht, Verleumdungen, Unaufrichtig-

keit, Mobbing und Psychoterror wurden von der Personalvertretung für in Ordnung befunden. Und sie lobte den Direktor dieser Schule sehr.
Jasmin hat auch in Erfahrung gebracht, dass die Obfrau der Personalvertretung immer die missbrauchte Macht der Direktoren unterstützte. Die Obfrau der Personalvertretung ist Direktorin. Als Jasmin Personalvertreterin war, war das ein beständiger Diskussionspunkt, dass Direktoren nicht Personalvertreter sein können. Ein Firmenchef kann auch nicht Personalvertreter sein, da er dadurch unweigerlich in einen Interessenskonflikt kommen würde. So war es auch bei der Obfrau der Personalvertretung in diesem Bezirk.
Als zweiter Punkt ist noch zu erwähnen, dass die Personalvertretung bzw. der offizielle Vertreter des Bezirksschulrates ein ausgeprägtes Kompensationsverhalten haben. Das heißt, dass sie für den Ausgleich ihrer inneren Probleme die Anerkennung aller Direktoren brauchen und dadurch unterstützen sie die psychische Gewalt, die immer auf Kosten der Mitmenschen gelebt wird.[38]
Als Jasmin vom offiziellen Vertreter des Bezirksschulrates[39] die anonymen Briefe vorgelesen bekam, bot er ihr an, in der nächsten Konferenz anwesend zu sein, damit sie mit den Kollegen über die Anschuldigung, die gegen sie lief, sprechen könne. Eine Stunde vor der Konferenz, bevor Jasmin in die letzte Unterrichtsstunde ging, fingen sie der Direktor und der Kollege Maier am Gang ab und verboten ihr, in der Konferenz darüber zu reden. Sie erklärten

38 Jasmin konfrontierte sich des Öfteren mit dem offiziellen Vertreter des Bezirksschulrates. Obwohl diese Gespräche durchaus offen und freundschaftlich verliefen, bekam Jasmin von dieser Seite keine wirkliche Unterstützung. Er hatte nicht die Kraft und den Mut gegen diese menschenverachtende Strategien entschieden aufzutreten. Ein unreflektiertes Funktionieren war der leichtere Weg.

39 Kompensieren: Minderwertigkeitsgefühle durch Vorstellungen oder Handlungen ausgleichen, die das Bewusstsein der Vollwertigkeit erzeugen.

ihr dann noch, es sei im Sinne des Bezirksschulrates und er werde nicht in der Konferenz anwesend sein. Dies spielte sich alles am Gang vor den Schülern ab.
Erstens, hatte keiner das Recht Jasmin eine direkte Aussprache zu verbieten. Sie hatte soviel Mut, Kraft und Klarheit in sich, dass sie auch ohne Vorschläge direkt und klar bleiben konnte.
Zweitens, stellte sich Jasmin selbst die Frage: Seit wann hat ein Bezirksschulrat die Anordnungen eines Direktors, sowie eines Kollegen zu befolgen?
Drittens, wurde wieder alles hinter Jasmins Rücken besprochen ohne faire gemeinsame Konfrontation.

Für Jasmin war es wichtig, über die Anschuldigung, die gegen sie lief, zu sprechen und sie tat es auch während einer Konferenz. Der Direktor behauptete dann noch im Konferenzzimmer, dass der offizielle Vertreter des Bezirksschulrates nicht verstehen könnte (obwohl es sein eigener Vorschlag gewesen war) und es auch nicht in Ordnung gefunden hätte, dass Jasmin offen vor allen über die Anklage, die die Beratungslehrerin gegen sie richtete, sprach.
Nachdem Jasmin diese Aussage mit dem Bezirksschulrat reflektierte, erfuhr sie wieder, dass diese Aussage auch nicht gemacht worden war.
Keiner kann Jasmin Offenheit, Direktheit, Klarheit und Aussprache verbieten. In der Konferenz sind alle Kollegen anwesend und es werden dadurch von Jasmin keine hinterrücks, subjektiven, bösen Geschichten, Intrigen gefördert. Kollegen, Personalvertretung, Direktor oder der offizielle Vertreter des Bezirksschulrates hätten sich in dieser Angelegenheit nicht einmischen dürfen, dann wäre auch keine klare Aussprache vor allen Kollegen notwendig gewesen. Es war eine private Anklage zwischen zwei gleichge-

stellten Kolleginnen, ohne irgendwelche Beweise. Sogar im Rechtsanwaltsbrief der Beratungslehrerin, der gegen Jasmin gerichtet war, standen als Zeugen der Personalvertreter ihrer Schule, der Bezirksschulrat und Kollege Maier.
Jasmins neue Erfahrung war jene, dass die Lehrer dieser Schule sehr unmündig waren. Sie hatten ihre eigene Persönlichkeit noch nicht entwickelt und unterwarfen sich der Auffassung des Direktors, des Kollegen Maiers und eines Klassenvorstandes der ehemaligen 1X Klasse.

Nach all dem übergab Jasmin alles der göttlichen Kraft und bat aus ganzem Herzen um Hilfe, sowie darum, ihr klar zu zeigen, welche Lernaufgabe sie durch diese Ereignisse zu erkennen bzw. zu leben habe. Während sie schlief, sah und spürte sie die Wirkung der „Bachblüte vier" in all ihren Zellen. Ihr wurde dadurch nochmals gezeigt, dass ein klares „Nein" angesagt war (Bachblüte 4 wird eingesetzt bei: seelischer Fußabtreter, Aschenputtel, Schwäche des eigenen Willens, Gutmütigkeit, man kann nicht nein sagen etc…).
Jasmins Lernaufgabe war und ist: Sich nicht wieder deren menschlichen Schwächen unterzuordnen, sich nicht weiterhin als seelischer Fußabtreter benützen zu lassen, sich nicht ausnützen, benützen zu lassen und die Angst vor Ablehnung sich nochmals therapeutisch anzusehen.
Jasmin ist sich selbst mehr wert. Ein Verleugnen ihres Selbst war und ist ihr nicht mehr möglich.

Dem Direktor dieser Schule wurde dann „als Belohnung" der Titel Studienrat verliehen und er wurde von der Personalvertretung, den Kollegen und dem Bezirksschulrat umjubelt, sowie mit einem

großem Fest geehrt.
Jasmin kann ihnen mit viel Mitgefühl begegnen, da sie die innere Wertlosigkeit ihrer Kollegen, des Direktors, Bezirksschulrates und der Personalvertretung, die sie durch die Außenwelt kompensieren, wahrnimmt.
Natürlich stand die Ernennung des Direktors mit viel „Lobgesang" in der Zeitung. Dies ist eine sehr traurige Angelegenheit, da es uns allen zeigt auf welcher Ebene unsere Gesellschaft noch immer steht.
Jasmin hofft heute, dass der Landesschulrat diese Ernennungen abschafft, damit die destruktiven Verhaltensweisen durch diese Belohnung nicht verstärkt werden, und eine reife Persönlichkeitsentwicklung dadurch verhindert wird.

Mit einem Psychotherapeuten und Supervisor reflektierter Teil 4

Wenn ich als Heranwachsender nicht gelernt habe, dass alle Gefühle okay sind und nicht gelernt habe, alle Gefühle zu leben, entstehen oft Ohnmacht und Hilflosigkeit. So können sich aus dieser Situation heraus anonyme Briefe entwickeln.
Anonyme Briefe sind meistens mit viel gestauter Aggression, Wut und Ängsten verbunden. Da viele Menschen diesen Gefühlen ohnmächtig und hilflos gegenüberstehen, werden diese Gefühle anonym gelebt oder es wird hinterrücks böse geschimpft und getratscht.

Warum braucht eine Schule einen Star?
(Kollege Maier) - mangelnde Emotionale Intelligenz
Wir schaffen uns ein Ideal, um uns zu orientieren, wenn wir mit unseren eigenen Gefühlen, mit uns selbst, schlecht verbunden sind. Wir können dann auch nicht entscheiden bzw. wahrnehmen, wer ehrlich oder wer unehrlich ist. Wir wissen selber nicht, was richtig und falsch ist, aber wir sagen es beständig, sodass wir es auch selbst glauben. Es gibt uns ein Stück Sicherheit. Das Phänomen ist, dass die Mitläufer, die unsicheren Kollegen, jemanden suchen, der dies ausdrückt.
Unsicherheit entsteht da, wo ich meine Gefühle, mich selbst nicht wahrnehme und dadurch hole ich mir die Sicherheit von außen, durch Stars, Gruppen - oder Massenorientierung.
Es gibt die innere Unsicherheit, die mitgebracht wird und eine Unsicherheit, die im System destabilisiert.
Zum Beispiel: Lehrer hetzen Schüler gegen einen Kollegen etc. Wenn ein Lehrer Schüler gegen einen anderen Lehrer aufhetzt, ist es

eine Verleitung zur Illoyalität und eine Verleitung zur Anmaßung, Überheblichkeit und wiederum verbunden mit der Unsicherheit des Lehrers.

Schulleiter wie Inspektoren wurden bisher auf Dauer für ihr Amt bestellt. Sollte man diese Festlegung zum Wohl des Ganzen nicht neu überdenken?

Es ist oft bewiesen, dass die Schulbehörde und die Personalvertretung die Schulleiter oftmals, selbst wenn deren Versagen auf der Hand liegt, mit aller Macht stützen. Die schikanierten Lehrer werden einfach versetzt und schlecht beurteilt, um „Ruhe zu schaffen."

Die Angst vor der eigenen Schwäche blockiert das Denken und die Realitätswahrnehmung.
Der Beamtenstatus garantiert eine gewisse materielle Sicherheit, da Unfähigkeit im Umgang mit Menschen nicht als solche wahrgenommen wird. Die hohen Kosten durch eine unmenschliche Personalführung (z.B. längerer Krankenstand) trägt die Staatsgemeinschaft. Keiner braucht Verantwortung übernehmen. Die Schulaufsicht spricht jedoch in der Öffentlichkeit über Erziehung, Menschenwürde und die Rechte des Individuums.
Welch ein großer Widerspruch!

Lehrer, die reflektieren, die sich ihre Schattenanteile ansehen und sich verändern, werden im „System Schule" gefürchtet und bekämpft, weil sie nicht mehr das lebensbehindernde Schauspiel mitspielen. Dabei käme es heute mehr denn je auf Menschen mit dem „aufrechten Gang" an.

Alle Mitmenschen, die das Spiel der Projektion (hier ist jeder Arbeitsbereich gemeint) nicht mehr mitspielen, werden für die unbewussten Kollegen und Führungskräfte als Bedrohung erfahren und dadurch aggressiv angegriffen. Jeder, der Verantwortung für seine Gedanken und Emotionen übernimmt (nicht projiziert) und versucht deren Ursprung aufzuspüren, bedroht die von der Gesellschaft geschaffene Moral.

Es ist mir bewusst, dass eine Ideallösung kaum durchführbar ist, wenn nicht jeder einzelne in der Gesellschaft dafür offen ist. Aber sollten wir nicht in Schulen, Akademien und Universitäten ein Unterrichtsfach einführen, das die Möglichkeit bietet, offener und bewusster das eigene Leben zu betrachten. Viele Mitmenschen wissen ja nicht einmal, dass es Spiegelbilder am Arbeitsplatz und in der Familie gibt, die unsere eigenen Unzulänglichkeiten widerspiegeln und dass alles, was uns am anderen stört unsere eigene Unzulänglichkeit ist.

Verweigerung kann den Heilungsprozess in uns beschleunigen

Wie ich bereits erwähnt habe, haben viele Menschen von Kindheit an gelernt, sich anzupassen und zu funktionieren, um in der Familie bzw. im jeweiligen Arbeitssystem akzeptiert und geliebt zu werden. Viele Kinder wurden schon früh gezwungen, sich selbst zu verraten, Gefühle zu unterdrücken, Spontaneität und Lebendigkeit abzulegen und sich selbst fremd zu werden. *Das Kind wie der Erwachsene wird so zum Funktionierenden in der Familie bzw. am Arbeitsplatz.* Kinder und Erwachsene spielen also das lebensbehindernde Schauspiel mit. Auch ich habe diese Verhaltensmuster gelebt, um geliebt und akzeptiert zu werden.

In einigen Atemsitzungen verspürte ich viel Angst, nicht geliebt zu werden, wenn ich nicht nach den manipulierten Vorstellungen meiner Umgebung funktioniere. Diese Ängste hatten den Ursprung in den unbewussten Glaubenssätzen „Schlimme Kinder werden nicht geliebt" und „Kinder haben keine Probleme". Ich war auch ein sehr stilles, braves Kind, aber auch der perfekte unterdrückte Erwachsene. Ich nahm mich selbst nicht ernst mit all meinen Gefühlen und dies widerspiegelt sich in der Außenwelt. Heute mag ich mich sehr mit all meinen Gefühlen und es ist für mich kein Thema mehr, in der Außenwelt etwas darstellen zu wollen.

Durch meine beständige therapeutische Selbsterfahrung und innere Aufarbeitung meiner Kindheit entdeckte ich dann eine Tugend, die Tugend der Verweigerung, um meine innere Heilung fortsetzen zu können.

Es wurde mir auch klar, dass viele Institutionen oder Mitmenschen Angst haben, um ihre Herrschaft und ihre Machtposition und dass sie daher die Befreiung auf Individualität, innere Heilung und Selbstentwicklung mit allen Mitteln bekämpfen. Sie sprechen zwar scheinheilig und wissenschaftlich mit vielen Fremdwörtern darüber, doch gelebt wird das Gegenteilige.
Heilende Verweigerung bedeutet für mich, nicht zu lange im negativen Kreislauf zu bleiben, sondern sich heilenden Kräften zu öffnen und so die eigene Identität zu stärken.
Je mehr Menschen diese Verweigerung leben, die den Menschen heiler werden lässt, desto mehr wird ein echtes Miteinander der Menschen möglich, das konfliktfreudig und versöhnend zugleich sein kann. Dadurch können Systeme aufgebrochen, Machtstrukturen, krankmachende, aufgezwungene Strategien aufgelöst, Hier-

archien in Frage gestellt sowie Beziehungen mit den Kollegen in der Arbeitswelt und Partnerschaften, gleichwertig gestaltet werden.

Nur so kann die Gesellschaft wieder heiler werden, nur so können wir unseren Kindern, Schülern ein natürliches, menschenwürdiges Leben bieten.

Unsere Kinder und Schüler können nur das leben, was wir ihnen vorleben.

Es geht nicht um Verurteilung von Menschen, sondern um das Aufdecken menschenverachtender Strategien. Es sollte eine Möglichkeit geschaffen werden, dass jeder in seiner Einzigartigkeit eine Entfaltung in Würde erlebt.

Wenn der Geist des Menschen nicht erneuert und gereinigt wird, sind alle Pläne zur Neuerschaffung der Welt nutzlos.

Sathya Sai Baba

Fachbegriffe

Systemische Therapie

Systemische orientierte Therapieformen haben ihre Wurzel in der Familientherapie. Nicht die Einzelperson, sondern Beziehungssysteme stehen im Mittelpunkt der therapeutischen Arbeit.
Systemische Sichtweisen sind darum bemüht, die Probleme von Menschen in ihrer Vernetzung mit biographisch bedingter Entwicklung sowie ihren Beziehungen in Partnerschaft und Familie, ein soziales Netzwerk und ihrer Arbeitswelt zu verstehen. Veranschaulichung und Veränderung von Kommunikationsstrukturen sind somit ein wesentliches Ziel systemorientierter Therapie. Das systemische Verständnis der Zusammenhänge gibt die Möglichkeit, Bekanntes unter einem neuen Blickwinkel zu sehen, anders als bisher zu reagieren und immer wieder ablaufende Verhaltensmuster zu verändern.

Empathie (Einfühlendes Verstehen)

Die innere Welt des Freundes, Partners, Kollegen so zu verspüren, (mit all seinen Gefühlen), als wäre sie die eigene, das ist Empathie. Die höchst sensible Einfühlung ist wichtig, um meinen Freund, Partner, Kollegen zu ermöglichen, dass er sich nahekommt, dass er lernt, sich wandelt und entwickeln kann. Die Genauigkeit dieses Verstehens ist zwar wichtig, jedoch ist es auch schon nützlich, wenn man die Bereitschaft zu verstehen mitteilt. Hierdurch teilt sich ihm die Wertschätzung mit, die ich ihm als Menschen entgegenbringe, und es vermittelt ihm das Gefühl, dass ich seine Empfindungen und Ansichten als etwas ansehe, das wert ist verstanden zu werden, ohne Bewertung.

Affirmation

Eine positive Bejahung, Zustimmung, Bekräftigung oder Verneinung einer Aussage.

Encounter

Encounter heißt, dir selbst und anderen zu begegnen. Wir erfahren und üben dabei:

- ❖uns und unsere Wahrheit (Wirklichkeit) ehrlich mitzuteilen.
- ❖auf unsere Gefühle zu achten, zu sich stehen und Verantwortung für sich selbst zu übernehmen.
- ❖den anderen in seiner Andersartigkeit anzunehmen
- ❖verantwortlich über sich sprechen, anderen zuzuhören und
- ❖Impuls zu sein (Problemlösung, Empathie) urteilen, werten und projizieren zu vermeiden

Dyaden

Durch Dyaden lernen wir, unserem Gegenüber ohne Unterbrechung, ohne Feedback, ohne Bewertung 5 Minuten sprechen zu lassen. Dem Gegenüber wird Raum gegeben und wir begegnen dem Wesen des anderen. Das präsente Zuhören wird dadurch geschult.

Kybernetisches Denken

Mehrere Meinungen lässt man in vergleichender, reflektierter Betrachtung einfließen und wenn notwendig werden Entscheidungen korrigiert.

Lineare Denkprozesse

Diese laufen ab, wenn Menschen nur ihre Linie verfolgen und nicht bereit sind, andere Sichtweisen gelten zu lassen. Dadurch kommt es auch oft zu einer Betriebsblindheit.

Literatur

Wilder Penfield (1975): The Mystery of the Mind. Verlag: Princton University Press

Joy Manne (1997): Soul Therapie. Verlag: North Atlantic

John Bradshaw (1995): Family Secrets. Verlag: Brantam

Horst Kasper (1998): Mobbing in der Schule. Verlag: Beltz

Brinkmann Ralf (1995): Mobbing Bullying, Bossing Treibjagt am Arbeitsplatz. Verlag: Sauer , Heidelberg

Leymann Heinz (1993): Mobbing - Psychoterror am Arbeitsplatz und wie man sich dagegen wehren kann. Verlag: Reinbek, Rowohlt

Herrmann Ned (1991): Kreativität und Kompetenz. Das einmalige Gehirn. Verlag: Fulda, Raidia

Andreas Dalberg (1997): Der Weg zum wahren Reiki - Meister. Verlag Knaur, München

Deborah Rozman (1991): Meditation für Kinder. Verlag: Bauer, Freiburg

Elisabetta Furlan (1991): Komm wir spielen Yoga. Verlag: Walter

Daniel Golemann (1996): Emotionale Intelligenz. Verlag: Carl Hanser

John Gottmann (1997): Kinder brauchen Emotionale Intelligenz. Verlag: Diana

Danah Zohar & Ian Marshall (1999): SQ Spirituelle Intelligenz Verlag Scherz 1999

Henri Parens (1995): Kindliche Aggression. Verlag: Kösel

Johannes Heinrich (1993): Aggression und Stress. Verlag: Deutscher Studien

Werner Gratzer (1993): Mit Aggression umgehen. Verlag: Westermann

Jürgen Schultz (1974): Psychologie für Nichtpsychologen. Verlag: Kreuz, Stuttgart, Berlin

Wilfried Ehrmann (1998): Atman Zeitung . 1190 Wien

Gunell Minett (1997): Rebirthing. Heilung für Körper und Seele. Verlag: Knaur

Stan Grof (1994): Das Abenteuer der Selbstentdeckung. Verlag: Rowohlt

Stan Grof (1997): Kosmos und Psyche. Verlag: Krüger

Stan Grof (2000): Psychology of the future Verlag: State University of New York Press

Sathya Sai Baba (1992): Erziehung zur Selbsterkenntnis. Verlag: Sathya Sai Vereinigung e.v., Bonn

Sathya Sai Baba (1988): Entwicklung der menschlichen Werte in uns. Verlag: Sathya Sai Vereinigung, Bonn

Sathya Sai Baba (1993): Das goldene Sai Baba Buch. Gedanken für jeden Tag. Verlag: Die Silberschnur, Neuwied

Maureen Murdock (1992): Dann trägt mich die Wolke Verlag: Bauer, Freiburg im Breisgau

SCHULE UND PSYCHE

EIN GRUNDGERÜST FÜR EIN ECHTES MITEINANDER

Die Autorin zeigt anhand persönlicher Erfahrungen und vieler anschaulicher Beispiele, wie wir ein offenes, freies und harmonisches Gemeinschaftsleben erreichen können.
Eine eigene innere Aufarbeitung trägt dazu bei, dass unsere Kinder, Schüler und Jugendlichen ein positives Selbstbild entwickeln und dadurch sich selbst und andere mit all ihren Gefühlen akzeptieren lernen.
„Zusammen - leben" und „Zusammen - arbeiten" bedeuten ein gemeinsames Wachsen, Projektionen zurückzunehmen und ein wertfreies Erkennen im zwischenmenschlichen Alltag zu fördern. Daraus entsteht ein kreatives Miteinander, sowie die wahre Liebe zu unseren Mitmenschen.

Unsere Kinder, Schüler und Jugendliche können nur das leben, was wir ihnen vorleben.

Hildegard Reitbauer, Jahrgang 1959. Als Therapeut ist sie in ihrer Praxis Humanistischer Psychologie in Krems an der Donau tätig.
Die Autorin ist Hauptschullehrerin, Konz. Sozial- und Lebensberaterin, integrative Atem-Körpertherapeutin, Reiki-Meisterin und absolvierte das Psychotherapeutische Propädeutikum an der Landesakademie Krems.